我的成长，我的热爱
孙兴慜自传

[韩]孙兴慜◎著　宋青云◎译

SON

7

축구를 하며
생각한 것들

金城出版社
GOLD WALL PRESS
中国·北京

Carabao Cup
EFL

在别人看来，如今的我很风光，但这只是此刻的表象，过往的艰辛和背后所付出的努力，并不会浮于世人面前。我的足球之路走到现在，艰难的日子很多，即使现在，也过着忍耐再忍耐的生活，和光鲜亮丽相差甚远。

我的人生中没有一样是不劳而获的，所有都是拼命付出的结果。今日所得皆源于昨日付出，为了明天的收获，今天就得提前努力，成功路上没有到付一说。现在的我依旧努力克制欲望，拼命提升自己，向着梦想一刻不停地奔跑。

这也是我决定出书的原因，我想告诉大家，成为顶级球员背后的故事。

——孙兴慜

推荐序

出现一个孙兴慜有多难？

《体坛周报》总编辑、金球奖评委 骆明

作为当今的亚洲足球一哥，孙兴慜在中国足球圈亦广为人知。对于孙兴慜成名后的故事，我已了解得够多。对于孙兴慜父亲从小对他的“魔鬼训练”，我也听说过不少。拿到这本《孙兴慜自传》，我最想了解的是，他如何能在很小时就去德国踢球。

原来，孙兴慜在韩国读高一时，赶上了韩国足协“海外留学项目”的第六期，也是最后一期。在这次选拔中，他被德国汉堡俱乐部的球探相中，辍学去了德国。孙兴慜感叹道：“假如我晚出生一年，韩国足协的留学项目就会与我无缘，我和汉堡的缘分也便不可能产生。”命运在此刻垂青了孙兴慜，而孙兴慜也牢牢抓住了不期而来的机遇。

孙兴慜的成功道路上不全是机遇，麻烦同样不断。一年进修结束时，因为孙兴慜的签证问题难以解决，汉堡俱乐部已经准备放弃。但孙兴慜依靠 U17 世界杯的连续进球，让汉堡坚定了签下孙兴慜的信心。最终，当期参加海外留学项目的 6 人，只有孙兴慜留在了德国。

就这样，孙兴慜在汉堡一路从 U19、预备队升到汉堡一队，在范尼斯特鲁伊、泽 · 罗伯托、格雷罗等球星身旁学习，从此走上球星之路。此后转会勒沃库森和托特纳姆热刺，均大获成功。

孙兴慜不仅是当今亚洲足坛的“一哥”，而且论及历史地位，已经有资格说是亚洲第一人。两夺联盟杯的车范根、在曼联完成大满贯的朴智星、左右意甲冠军归属的中田英寿、荣膺德甲和英超冠军的香川真司，在各自的年代都是代表性的“亚洲一哥”，孙兴慜虽然受限于国家队和俱乐部的水平，团队荣誉只有亚运会冠军一项，但英超金靴的超强个人战力使得他的影响力已然更胜一筹。

与这些前辈相比，孙兴慜的不同之处是，他在较小时便融入了高水平的足球环境——所有足球人都知道这有多重要。不过想复制这条道路并不容易，职业足球是一个淘汰率极高的运动，太多人成为陪跑者，也影响了正常的人生，甚至成了不良经纪人的牺牲品，例如非洲小孩在欧洲踢不出来就沦为苦力。国际足联为了遏制这种现象，前些年出台一系列规定，制止“童工”现象，并因此处罚了西甲三强，在马德里竞技的中国球员也受到波及。

按照国际足联现规定，未满 18 岁的非欧盟球员，无法在欧洲俱乐部的职业梯队注册，孙兴慜为汉堡踢 U17 联赛的模式在今天不再成立。徐根宝指导曾收购西班牙洛尔卡俱乐部，想为中国青训出力，但收购后才发现这条路走不通，无奈只能放弃。虽然还有从小移民欧洲的办法，但勇于如此豪赌的人只是极少数，这无疑限制了亚洲足球向世界更高水平迈进。因此，孙兴慜的成就不仅空前，未来想复制他的成功路也难如登天。

2013 年，体坛周报推出了“亚洲金球奖”评选，由全亚洲记者和部分跟踪亚洲足球的欧洲记者联合评出年度最佳球员。亚足联也有年度最佳评选，分成本土球员、外援、留洋球员三类，而“亚洲金球奖”是所有亚洲球员都能参加的奖项，更能体现一个球员在亚洲的地位。迄今评出的 9 届里，孙兴慜居然包揽了 7 次，可见他在亚洲足坛鹤立鸡群的地位。而体坛周报也曾先后赴勒沃库森和热刺俱乐部，为他颁发亚洲金球奖。

我们希望有人能打破孙兴慜的“超级垄断”，让亚洲金球奖更有悬念。但在现行的国际足球体制下，不知道要等多少年，亚洲足球才能见证下一个孙兴慜。当然，即使无法复现孙兴慜的高度，中国的足球人，尤其是足球少年，仍然可以从孙兴慜的经历中学习到足球运动的成功准则。做好准备，幸运或许某一天就会眷顾你。

译者序

不像天才的天才

宋青云

对孙兴慜一直有个“错觉”，觉得他在天才型球员和努力型球员中偏向后者。哪怕是他在英超对阵伯恩利时千里走单骑上演奔袭 70 米的超级一条龙，获得 2020 普斯卡什奖，我依然认为，他的成就更多是依靠自身的努力和境遇。

其实孙兴慜是不折不扣的天才型球员。抛开后来在英超取得的成就，在德甲耀眼的出道首秀就足以证明他的天赋。2010 年，年仅 18 岁的孙兴慜和汉堡俱乐部签订职业合同，并在德甲首秀就打进职业生涯首个进球，创下汉堡球员在德甲联赛进球的最年轻纪录，可谓刚出道便一鸣惊人。

译者在从事体育记者十多年的时间里，见过很多天才型球员，而孙兴慜尽管在场上不乏神来之笔，却更多偏向于和队友的团队作战，也没有乖戾张扬的个性，开朗谦逊又爱哭鼻子的脾气宛若邻家的小兄弟。加上小时候在“虎爸”的训斥下苦练基本功的逸闻流传深远，让人不自觉的把他归类于努力型。

不过除了这段故事外，对于孙兴慜所做的努力，我们了解的并不多。而这本自传，不仅完整的记录了孙兴慜从孩提时候到英超球员的成长历程，还详细的披露了他至今还在继续着的，连他自己也认为很不容易的种种努力。

其实这本书与其说是孙兴慜的自传，更像是记录他足球心路历程的随笔。因为是第一视角，文章里没有惊天动地的修饰语，率真详实的语气就像是一本成长日记。所以即使是对足球不感兴趣的读者，也能顺畅的读下去，读完一定会成为孙兴慜的粉丝。它是一个球员奋斗的励志故事，更是一个男孩成长的纪实。

在这本书里能看到和常人无异，有着七情六欲的孙兴慜，面对挫折时也曾彷徨不安，面对美食也是管不住嘴，面对吹捧时也会飘飘然……

所谓成功必然经历挫折，成长道路上的每一个坎都不容易迈过去。很多被誉为天才的球员或是倒在伤病面前，或是倒在诱惑面前，或是倒在荣誉面前，最终泯然众人，甚至彻底告别了足球。

幸运的是，孙兴慜有个与众不同的父亲，父亲不仅给他传授了球技，更是灌注了遇到挫折不气馁、荣誉和掌声面前也能谦逊低调的品性。不过师傅领进门，修行在个人，孙兴慜自己的努力更加值得赞赏。拖着疲惫的身体坚持上德语课、看着电脑屏幕的美食解解馋、在物欲横流的伦敦远离一切诱惑与喧嚣、保持如苦行僧般严守清规戒律的生活等等，每一样都是说来不易，做来更不易。

足球天赋也许是上天给予的，但最好的足球运动员是通过激烈的努力创造出来的。诚如托马斯·卡莱尔所言，天才其实就是无止境刻苦勤奋的能力。从这个角度来讲，这本书堪称是球员版的《钢铁是怎样炼成的》。

如今的社会，面对越来越高的就业门槛和现实生活中的压力，年轻人越来越难以抱有梦想，“躺平”“佛系”成为年轻人的口头语。但来自亚洲、与我们肤色相同的孙兴慜，不仅证明了抱有梦想并不是没有意义的事，而且用亲身经历阐释了“只有付出才会得到”的朴素真理。

这本书的第一版在韩国2019年7月出版，因为要配合韩国tvN电视台制作的纪录片的播出时期，仓促之下难免叙述不够全面。2020年经过修订增补的第二版，追加了很多孙兴慜在关键时刻的内心活动，如被汉堡球探相中时的内心的波澜、第一次去德国的神奇感受等，能让人更清晰地了解他的成长轨迹。这一次，给中国读者呈现的也是第二版。

这本书的面世，是杨阳、马君华、邵琳、甜甜等韩国足球研究会的同仁们共同努力大半年的结果。得益于大家在初译过程中的严谨态度和详实考证，发现了原版书的几处错误。还要特别感谢我的好兄弟、曾经的《体坛周报》同事左瑞的认真指正，正是他对文字的驾驭、对细节的推敲、对情节的用心、对足球的热忱，使得译文更加流畅。

这本书的翻译工作在2021年完结，受疫情影响，直到一年多后才得以出版。要加以说明的是，这本书的时间截点是2019赛季欧冠决赛，所以之后发生的很多精彩故事预计会在下一本自传中加以收录。

不恋过往，不畏将来，以梦为马，不负韶华。作为无可争议的“亚洲一哥”，孙兴慜早已是亚洲球员的天花板，而读完他的故事，会发现他的未来更值得期待。你的未来也是一样。

1

上半场

2

下半场

1

上 半 场

H M SON
7

SON

7

01

马 德 里

SON

7

仅仅过了 90 分钟，世界裂变成了悲喜两重天。胜者和败者的距离是那么近，可以听见彼此的问候，甚至可以用温暖的拥抱来慰藉对方。过了一会儿，当闪闪的银色奖杯被送上领奖台，山呼海啸般的欢呼声响起，红色的礼花在整个夜空炸裂——很容易能感受到胜者的成就感和幸福，尽管悲恸的热刺同行就在一旁，但对他们这并不重要。

也许，我们站在领奖台上，也会和他们一样吧。红色对手撕心裂肺的欢呼声，让我们如同受到拷问般，太痛苦，我只能捂住耳朵。

2018/2019 赛季真的很漫长。2018 年夏天的俄罗斯世界杯 F 组首场比赛是 6 月 18 日，本赛季的英超 8 月 11 日开幕，到 2019 年 5 月 12 日落幕，而卢卡斯 · 莫拉的帽子戏法又让赛季延续到 6 月 1 日。在英超的前后加上世界杯和欧冠联赛，诞生了长达 12 个月的 2018/2019 赛季。

这个漫长的赛季中发生了很多事情。很难说哪场比赛、哪粒进球，或是哪个瞬间令人难忘。“不累吗？”这是被问到最多的话。我不是机器，当然累。为了比赛在大洲之间往返，必然透支身心，但即便如此，我还是感到很幸福。能一直上场比赛，让我感到真是太幸福了。足球运动员想踢比赛却无法上场的情况比比皆是，或是因为伤病，或是因为停赛，或只是在内部竞争中落后无法获得机会。作为职业足球运动员，我早已领悟到首发名单中有自己的名字是多么让人感激的事情。整个赛季，我一直抱着感恩的心，且身体状况一直保持良好，我都怀疑是不是有人在冥冥之中庇佑着我。

在俱乐部，主教练毛里西奥·波切蒂诺给予我百分之百的信任；当我身披国家队球衣上场时，座无虚席的球迷也给予了我受之有愧的厚爱；还有在电视画面之外细心照料我、帮助我的家人和好友。对他们，我的心里除了感激，还是感激。

英超赛季结束后的日程安排原本很简单，只要在 7 月初回到俱乐部基地即可，球员们根据归队日期拟定个人休假计划。不过 2018/2019 赛季结束后的情景和以往截然不同，欧冠半决赛的“阿姆斯特丹奇迹”让我们的赛季收官时间推迟了三个星期。当然，在欧冠决赛面前，谁也不会对夏季休假的延迟有任何怨言。

教练组针对欧冠决赛制订的备战日程排得满满当当。赛季结束后只休息两天，从周三（5 月 15 日）就开始正式训练。首要的问题是得尽快恢复在赛季末已经严重枯竭的体能，训练内容体现着教练组的求胜意志，着实让人叫苦不迭。每天训练结束，队友们都会累得气喘吁吁，我的脸也被伦敦初夏的阳光逐渐晒成古铜色。

凯恩的伤愈回归让球队士气更加高涨。仅这个赛季，凯恩的脚踝就伤了两次。我还记得在欧冠四分之一决赛首回合时，凯恩一瘸一拐地被搀扶着离开球场的背影。虽然那天我打进制胜球战胜了曼城，但我更惊诧于现实的残酷。赛后大家都陶醉于战胜曼城的喜悦中，几乎没有人担心凯恩的伤势有多严重。

对我来说，凯恩是十分难得的战友。我们的家距离很近，走路只需一两分钟。我们在场上的配合也很默契，以至于有了“DESK 连线”（戴尔、埃里克森、我、凯恩）四人组合的昵称。听说韩国国内有些人担心凯恩和我的位置重叠，我想这是他们把我当作自家孩子，太过关心爱护我的缘故。事实上包括凯恩在内，我们四人之间已经形成了无须交流的默契。因此欧冠决赛之前凯恩回归，对我也是很大的鼓舞。

欧冠决赛相当于欧洲足球一个赛季的终极之战，是全世界瞩目的最高舞台。据说这场比赛到现场的媒体记者就超过 2500 人，还有报道说因为变成英超内战，决赛当天英国到西班牙的航班数量创了新高。这场决赛的球迷活动区，安排在了马德里著名的景点太阳门广场（Puerta del Sol）。

欧冠决赛与我之前经历过的比赛完全不同。球队受到的待遇可媲美世界杯，每次出行都会有警车前后护送，酒店和球场周边的安保警戒也格外严格。举办城市马德里提前几天就开始各种庆典活动，仅是从大巴车窗看到的街景，就能感受到处处洋溢着浓浓的决战气息。决赛前一天，两支球队在马德里万达大都会球场进行了公开训练和赛前发布会，世界各地前来报道的媒体把现场挤得水泄不通。第一次参加欧冠决赛的我，对于这种同一场比赛产生的连锁反应感觉不可思议。

以前在电视上看到（朴）智星大哥成为气势磅礴的欧冠主题曲中的关注焦点，觉得有些难以置信——那样厉害的舞台上竟然能出现韩国球员。但 2019 年 6 月的万达大都会球场，我作为球员，站在比赛现场倾听那首主题曲，顿感浑身战栗，一股热血涌上心头。整个赛季我们所经历的一切如走马灯般从脑海掠过。确认眼前的一切不是梦而是事实，这个事实便炙烤着我的胸口，激起了澎湃的心潮。

过去的三个星期，我们着实在努力备战，就连那近乎令人窒息的训练也都心甘情愿地坚持下来。虽说我们的纸面实力处于劣势，但对手是再熟悉不过的英超死敌，绝对值得一拼。因为是一场定胜负，一个细小的失误也会直接决定谁出局。针对可能会发生的情景，球队准备了多种预案。在不同时间段，根据我们领先或落后的情况，该采取什么战术，该如何应对局面，都做了细致的准备。做好能做的所有准备，我们静待开场哨吹响。

梦幻般的比赛终于开始。利物浦率先开球，我猛地上前逼抢，但对方后卫并不慌张，从容地传球。中场几脚传导后，球落到利物浦左路边锋马内的脚下。西索科退到禁区内，举手示意身后队友布防，而马内的传中球鬼使神差般地打在西索科举起的手臂上。斯洛文尼亚籍主裁达米尔·斯科米纳吹着哨，指向我方的点球点。当时我们很难立即接受这个现实，点球？比赛才进行 24 秒啊！我很想大喊“这不可能”。不过现实无情，穆罕默德·萨拉赫主罚的点球力道十足，轻松穿过了雨果·洛里的十指关。我们做了很多准备，但比赛刚开场就被判点球的剧情并不在我们的预案里。不仅我们，对方主教练尤尔根·克洛普肯定也没有设想过这样的情景。

这个不可思议的意外，完全改变了比赛的走势。利物浦改变战术，回收防线打防守反击。毫不掩饰地引诱心急的我们深入，准备抢断球后迅速打我们的身后。而我们深知利物浦的反击有多犀利有多致命，也不敢放手进攻。就这样在踌躇两难间，上半场“嗖”的一下就过去了。

利物浦球迷的欢呼声
响彻球场
我只能捂住耳朵

进入下半场，我们为扭转局面拼尽全力。“半决赛英雄”小卢卡斯和擅长头球的费尔南多·略伦特接连登场，加强进攻线的力量。全队使出浑身解数试图攻陷对手城池，但对方守门员阿利松扑出了包括我在内的所有队友射向球门的球。90 分钟比赛结束前 3 分钟，下半场替补上场的迪沃克·奥里吉再度攻破我方球门，这个致命一击锁定了对方的胜局。

整个赛季，我们不顾一切向前奔跑，所有的努力都是为了欧冠奖杯。但最后的舞台上却出现罕见的意外，让我们倾注的所有努力瞬间化为泡影。直到比赛结束，工作人员进场搭台布置现场，我仍然无法相信这是事实。或许有人会安慰我“能踢欧冠决赛就已经很出色”，不，不，这绝不是慰藉，世上没有哪个球员会仅仅满足于进入决赛。我想赢，做梦都想在决赛赢球，把耀眼的大耳朵杯举过头顶，挺起胸膛拥抱世界。但，所有的梦想都被打破了。我的眼泪突然哗地夺眶而出，拼死拼活来到这里，可不是为了这个啊……

在别人肆意庆祝的绿茵场上，我却感觉无比凄凉，领悟到了很多东西。曼彻斯特和阿姆斯特丹的夜空是那么的璀璨，马德里的夜空却是如此灰暗。我感觉在那天的夜空之上有个足球之神，俯瞰着球场主宰着一切。不管我们多努力多投入，只要他说“不”，我们就束手无措。倘若手球犯规的是对方，比赛结束哨声吹响后欢呼的可能就是我们，在看台上流着开心的泪高唱队歌的就是我们热刺的球迷……没想到这样的大舞台竟然真的被小意外左右了结果。父亲一言不发，只是紧紧地抱了抱我。我知道没有必要愧疚，但还是感觉对不住父亲。

欧冠决赛是非常宝贵的历练机会，我也很明白。但明白归明白，痛苦是真痛苦。

02

决　　心

SON

7

我小时候曾经闯过一次祸。当时我正在地板上和哥哥一起玩弹力球，球落到我们中间时哥哥伸出手，我却伸出脚。啪！哥哥的手被我踢到，手指瞬时完全后翻。哥哥疼得大哭大闹，而我呆若木鸡地站在一旁不知所措，还暗自觉得哥哥的手指向后掰着的样子很好玩。妈妈赶过来惊呼。说实话，我不大记得当时的细节，妈妈倒是记得很清楚："知道当时你说了什么吗？'哥哥的手指向后面鞠躬了，妈妈'，就这么说的。"哥哥，当时应该很疼吧……对不起啊。

我从小见到圆形的东西，第一反应就是用脚踢。无论在家、在胡同里，还是在空地上，我都在玩球。踢出去，追上球后再踢一脚，是我小时候乐此不疲的事情。现在回想起来，其实当时的环境注定我只能以踢球为乐。首先，我的父亲是职业足球运动员，虽然因伤较早结束了职业生涯，但基因不会变；其次，我们家很穷。在我上小学之前，还曾在集装箱里生活过。为了家人的生计，父亲常常要打两三份工。在这样的情况下，买其他玩具或上学前英语班之类都是想都不敢想的事情；再次，父亲的教育理念也起到了一定作用。直到上小学二年级，父亲对我说得最多的一句话是“出去玩”。哪怕到现在父亲也经常教诲说：“只有燃烧‘自由’这个燃料，才能产生创造力。”父亲认为，只有让孩子随心所欲地玩，才能观察到孩子的天性，才能了解他擅长什么、喜欢什么。从我成长为职业球员的结果来看，这个教育理念确实有一定的道理。

多亏了这样的环境，哥哥和我才能整天无拘无束地玩耍，度过了十分快乐的童年时光。在我就读的嘉山小学操场，在小区社会文化中心游泳池，在孔之川（位于春川市的河流），都留下了我们兄弟俩快乐的童年记忆。疯玩到太阳落山后回家，父亲把两个小灰人的衣服脱下来，掸掉身上的灰尘，带到卫生间一一洗净后吃晚饭。这是孙兴允、孙兴慜兄弟每天重复的童年日常。

韩日世界杯前一年，也就是2001年，我在升入小学三年级时暗自下了重大决心，“我要正经学习踢球”。因为在玩过的东西中，没有比足球更有趣的事情。每天上学我都要带着足球，课间铃一响就拿着足球往操场跑。大家都知道，课间休息时间很短，不可能踢得尽兴。而我总想再踢一脚，踢最后一脚，就这样常常因为下一节课迟到而挨训罚站。午休时间和下午放学后更不用说，我毫无例外都是在操场上和小伙伴们一起踢球。每次踢球我都是主角，带球技术我最好，速度也是我最快。还能有什么比自己做主角，又经常能赢的游戏更好玩、更有意思的事情呢？

满以为曾是足球运动员的父亲会赞许小儿子的选择（小小年纪能做出重大选择可是不容易的），但父亲皱着眉头半天不说话。我鼓起勇气，再次阐明了自己要正经学踢球的决定。“为什么想踢球？”父亲反问道。

多亏了父亲

重视自由教育理念

我才能随心所欲地玩耍

度过了十分快乐的童年时光

为什么？这完全不是我想象中的回应。一个小学三年级学生的脑海里自然不可能有逻辑清晰的理由。我犹疑了半天，最后回答：“因为好玩。”

“小慜啊，你知道踢球有多苦吗？踢球，而且如果要想踢好，是很苦很苦的。外面的世界很冷酷，冷的甚至都会把人冻僵，即使这样你还想踢球吗？”

父亲忽视了一点，那就是小学三年级孩子的理解能力。我完全无法理解他的意思，外面的世界有那么冷吗？冻僵又是怎么回事？踢球这么好玩能有多苦？一门心思想学踢球的我使出了撒娇磨人的撒手锏：“让我做什么都行，我就想学踢球。”我要踢球的决心很坚定，父亲“踢球很苦”和我“那也要踢”的两种观点经过几番对抗，最终还是我赢了。自古就没有拗得过孩子的父母，当孩子的固执和父母的担忧发生矛盾时，孩子往往是胜利的一方。后来直到我成为职业足球运动员之后，才隐约领悟到当时父亲想说什么。

父子之间达成了一致意见，但环境又成了问题。我就读的嘉山小学没有足球部，无人打理的操场上到处是拳头大小的石子。没有环境就创造环境，父亲把我转到扶安小学。扶安小学的操场虽然也是光秃秃的土场，但因为有足球部，场地收拾得很平整，几乎没有石子。

父亲规定的训练时间很简单，每天上午在学校上课，吃完午饭后，我们兄弟俩在父亲的带领下训练两个小时。训练内容很简单，就是练基本功。颠球是最主要的训练内容，从脚内侧开始，按着正脚背、外脚背、头顶的顺序颠球。原地颠球稍微熟练后，父亲让我们颠着球绕操场走。中途如果球掉到地上，必须回到起点重新开始。初期我用 40 分钟左右才走完一圈，技术熟练后，缩短到完成一圈只需 15–20 分钟。还有绕“8”字盘带训练，父亲用双脚在地上画出两个圆圈，我们得带球顺着“8”

字的内侧绕一圈，再顺着外侧绕一圈。“8”字盘带训练中，尽量做到球不离脚，能培养精准的触球感觉。因为刺激生长板有助于长高，原地起跳顶球也是我们每天必练的项目。原地半蹲后起跳，用前额顶球的训练动作看似简单，但想掌握各种技术要领，也必须得长时间重复同样的动作。

父亲的理念是“你们只管专心训练，其他的前期准备或后期收尾工作全部由我来做”。足球训练需要提前做各种准备，如清理场地的石子、搬运足球和标志桶等工具。不过我从未做过那些事，哪怕是装满 80 个球的超大型冰箱纸盒，都是父亲一个人拖来拖去，从来不让我们兄弟俩插手。我们只需专心训练，但在训练中必须百分之百投入。

父亲绝对是可怕的“魔鬼”教练。他当时也在经营足球教室（培训班），由于训练过于严厉，而且整天练基本功，孩子们很快就感到厌倦，坚持不了几天就选择放弃。

我们兄弟俩可没有放弃的权利，厌倦和偷惰都是奢望。我们稍有松懈，就会招来父亲的“冲天霹雳火”。和父亲一起训练，几乎没有得到表扬的记忆，更多是挨训。这里的“多”并不是形容词，而是绝对超乎各位读者想象的真正的“多”。不仅多，而且训得超级凶。即使是对年幼的我也毫不留情，但凡出现失误或走神儿，他会把我训到肝胆发颤。因为父亲的严酷魔鬼训练，曾多次闹出令人哭笑不得的笑话。有一回哥哥和我又在操场上被父亲狠狠地训斥，有个过路的奶奶看见后怒气冲冲地上前和父亲理论，并扬言要去报警。无论父亲怎么向她解释，她还是坚信：“如果是亲生父亲，绝对不可能这么狠！你肯定是后爹吧？”类似的闹剧从未间断过，当然我们兄弟俩的魔鬼训练也没有间断过。直到初三进入学校足球部开始寄宿生活之前，我每天都重复着这样的训练。

是的，7 年里终年无休，一天不落。不多，也就 5110 个小时。

哥哥和我打架被父亲发现，最常见的惩罚措施是颠球。有一天哥哥和我大打出手，被父亲逮个正着。绝对不允许“同室操戈”的父亲非常生气，责令我俩开始颠球。就这样，我俩连续颠了 4 个小时．看清楚，不是 40 分钟，是 4 个小时！颠到最后，我眼前的球花成三四个，平整的操场像大海那样起伏不平。

每天重复颠球和“8”字盘带，肯定枯燥乏味。尽管我们自己觉得已经练到炉火纯青，父亲还是一成不变地让我们练基本功。我之所以能坚持这样的重复训练，原因有三：第一，尽管如此，我还是觉得踢球很有趣；第二，父亲太凶，我实在不敢斗胆说训练无聊；第三，境界提升，达到了“肯定是有用才让练的吧”的解脱之境。

父亲的理论很简单，只有完美地完成第一阶段内容，才能进入第二阶段。他认为必须先做到左右脚控球自如，才能练习传球、传中和射门等技术，而学习跑位和战术，又是再下一个阶段的事情。在没有达到他制定的标准之前，他绝对不让俩儿子涉足下一个阶段。

其实，哥哥比我挨训次数更多。倒不是因为能力，而是因为性格。哥哥和父亲不只长相，连性格都简直是一个模子刻出来的。不仅脾气倔，而且死脑筋，从不愿卖惨。相反我是机灵鬼，一看形势不对就先瘫坐在地上装病。颠球过程中球落地，觉得没被父亲发现就赶紧捡起来若无其事地继续颠。现在回想起来，父亲应该是看到了，但装作没看见。

哥哥从来都是规行矩步，而且偶尔还会顶撞父亲，所以被训得更狠。看着可怜的哥哥，我曾于心不忍地劝告他：“你别每次都那么犟，多受罪啊。”不过哥哥就是顽固不化，长大后问他到底为什么不听劝，“我就是不愿装可怜”，哥哥说。真不知道他怎么能和父亲如此的别无二致。

03

奖　　杯

SON

7

我几乎没有少年足球比赛的印象。请不要误会，我并不是记忆力衰退。之所以没什么印象，是因为我不在精英足球班，而是跟父亲学踢球。足球这门课，我算是在家里完成了小学课程。每天只是重复同样的基本功训练，记忆中的场景自然不可能是精彩纷呈，只记得每天都在重复绕操场三圈的球不落地的颠球训练。

父亲非常重视基本功，极其鄙视以成绩（比赛结果）来评价青少年球员的指导方式。因此，我在和父亲训练的时候几乎没有上场打过比赛。对同龄的学校足球部的孩子们来讲，足球是上场踢比赛或是参加赛事，而对我和哥哥来讲，足球就是双脚颠球后把球停在额头上保持平衡的基本功。当然我们也有自己的快乐，常常互相比试谁更快单脚颠球绕操场一周，如果球落地就得回到起点重新开始，因此不能有一丝的漫不经心。

父亲经营的“湖畔 FC（足球俱乐部）”因为训练内容过于枯燥，

注册球员少到组不成一支球队，但也不能完全不打比赛，所以我们偶尔也会编入后坪小学足球部参加比赛。随着韩国足协规定正式比赛禁止这样的做法，“外援”这个词后来已不再使用，但那时我就是编外的“外援”。我不清楚参加的是什么赛事，也不清楚这个赛事有什么来历，当然更不可能有针对性的备战。我只是去踢个比赛，回来后和父亲的训练才是重点。

我也会和学校的孩子们一起踢球玩耍，反正训练也是踢球，玩耍也是踢球。我一直觉得足球很好玩，好玩自然不会停下来。之前有个“音乐是世界唯一合法毒品”的说法，对我来讲足球就是这个“毒品”。

能想起来的比赛还真有一个。其实那不是正式的足球比赛，是阿迪达斯公司主办的足球推广活动。父亲带着我和湖畔 FC 的伙伴们一起去参加活动，到了现场了解到还有“发射加农炮”大力射门活动。参赛者分成小学组和初中组，选出射门力量最大的参赛者奖励PS游戏机。天啊，是 PS 游戏机！

我家很穷。虽然阖家欢乐，但日子过得真的很苦，用一句韩国的流行语来说就叫“土汤匙”。我家一直没有汽车，后来为了送我去踢球，父亲弄来一辆二手普莱特（译者注：起亚汽车的小型轿车），却是下雨时车内漏雨的旧货。对这种家境的孩子，PS 游戏机是只能存在于想象中的东西，而现在只要射门力量最大就能得到这个宝贝。这个比赛我必须参加，还必须得拿第一，没得商量。

我两眼放光，似乎触动了父亲。在加农炮射门活动开始前，父亲把我带到角落，现场传授大力射门的动作要领。在这之前我没有进行过像样的射门训练，也就是说那时还处在“用脚熟练地控制球”的训练阶段，在熟练得像晚上即使停电也能很自然地把饭勺送到嘴里那种程度后，才能练习射门。父亲还没有让我练习射门，所以那是父亲第一次教我大力射门的方法。虽然和小伙伴们玩耍时也有过射门和传球，但毕竟没有系统学过，支撑脚应该放在哪里、射门时应该如何摆腿、应该用脚的哪个部位触球、要踢到球的哪个部位等技术要领，我一概不懂。因为时间不多，我就在现场速成掌握了大力射门的动作要领。

活动开始！因为参赛者非常多，每个人只有两三次的射门机会。小学组率先开始，按照父亲传授的方法，我使出全力将球踢出去。听到现场工作人员一片“喔”的惊叹声，大家看来都很惊讶。可能多亏了速成辅导，我也觉得这脚射门比平时更猛烈。记不清当时测定的具体球速是多少，反正是我的球速最快，我也名正言顺地获得了小学组第一名。即便算上初中组哥哥们，我的成绩也排在第二。我想这应该算是我足球生涯中获得的第一个奖杯，不过这些都不重要，重要的是终于拿到了梦寐以求的 PS 游戏机。实在是太开心了！我拿着游戏机回到家，迎接我的哥哥也像我一样开心。哈！哈！哈！

我和哥哥想赶紧玩足球游戏，但是房间里没有电视。看两兄弟猴儿急的样子，妈妈只好从邻居家借来一台小电视。连接电视、插上游戏机、打开开关，那是我人生中第一款足球游戏开启的瞬间。哥哥和我一有空就窝在房间里打足球游戏，我们都是不服输的性格，谁输谁发脾气，也摔过手柄。当然，我们都知道真要摔坏了可是大事（既没钱买新的，父亲也肯定会大发雷霆），摔手柄无非是谨慎地扔一下表明态度而已。每当听到这样的声音，父亲会黑着脸瞪我们。“这个怎么掉了呢？出汗手太滑了，嘿嘿”。我们装作若无其事的样子，重新拿起手柄。

升入春川的后坪初中后，直到初二我还是跟父亲训练，训练内容也一直以练基本功为主。即使感到枯燥乏味，看到父亲殷切的目光，我也

我人生中第一次举起奖杯
其实，当时比起获得第一名
得到游戏机更让我开心

一声都不敢吭。在我升入初三时，父亲做出了重大决定，认为我们已经到了需要积累实战经验的时候。

父亲提议，让我转学到他的师弟罗承和执教的原州市育民馆中学，加入足球部进行团队训练。想到能结束一个人训练的枯燥，和同龄小伙伴们一起踢球，我立马答应。春川到原州将近一百公里，不方便走读，于是我就开始了住校生活。2007 年我 15 岁，那是我出生以来第一次离开家门，也是第一次正式进入精英足球部。

住校生活对我来说很陌生，刚进入足球部后发生的小插曲也让我无所适从。有一天我们与女足球队进行练习赛，和刚认识的队友临时组队，我独中两元赢下比赛。就在那天晚上，全队要投票选出球队队长。投票的结果，我几乎得到了全票。这是怎么回事啊？为什么要选刚加入球队的我做队长？我有些不知所措，可能是因为那天的比赛中我表现得不错吧。反正我突然成了队长。

所幸的是，几天后主教练单独对我说："兴慜啊，队友虽然都选了你，但你进入足球部时间太短，而且还有个比你大一岁的哥哥，让那个哥哥做队长更合适一些。这就要委屈你了。"

"没有啊，您完全不用解释，其实我也觉得自己不太合适，这样安排没问题。"

虽然住校生活很陌生，但多亏足球部的小伙伴们都很友善，我没有经历欺生的遭遇，很快融入球队。此后，每天都是在重复典型的精英足球部的日常生活，7 点起床、吃早饭、上课、吃午饭、回宿舍稍事休息、下午训练、吃晚饭、各自练力量等个人训练、洗漱后 10 点就寝，衣服则需要自己洗。

初中生的宿舍里，有时会出现非常单纯的竞赛，例如铺位之争。足球部的宿舍是二十多人住在一起的大通铺，到了夏天，为了争夺稍微凉快的窗边，大家通过各种游戏来定名次。那真是很纯真的年纪。

当然，也有让我想不明白的地方。足球部的训练和我从小熟悉的训练大不一样，尤其是训练前后都要绕着操场跑圈。没有球，光跑步实在很枯燥。教练说这么做有助于提高体能，但到底有没有用，我心底一直是问号。

当时育民馆中学足球部的实力并不强，学校对足球部似乎也没有多少期待。这样的情形在我初三时的最后一个大赛——第 43 届秋季全国初中足球联盟战后才有了改观。我们分在青龙组，一路杀进决赛。虽然最后输给南水原中学屈居亚军，但这是育民馆中学足球部历史上第一次获得全国性比赛的亚军，让全校上下开心不已。我打进五球并列最佳射手，和我一起获得最佳射手的是蔚山鹤城中学的李在城，他后来加盟全北现代，目前在德国荷尔斯泰因基尔队踢球。那届大赛忠武组的 MVP，是浦项制铁中学的王牌球员孙准浩（2020 年 K 联赛最佳球员）。不是我吹，那届比赛的竞争真的很激烈！

还有一件好事，大赛中一直关注我的韩国足协专任教练宋京燮将我招入了 U15 国家队。哥哥打趣说：“你们那批孩子踢得该有多差，连你都能进国家队啊？”父母也没有过于兴奋，家里的这种氛围让我也对此变得淡然。第一次去坡州国家队训练基地时，我没有特别的紧张或压力，只是抱着“好好训练多学习”的想法。

不过国字号的日子并不轻松，全国各地同年龄段中踢得最好的球员聚在一起，时不时发生争锋斗狠的情况。大家都是一路接受精英培训，贴有所谓“全国排名”的佼佼者，实力出众，自尊心也都很强。而且因为年纪小，理解对手的情绪自然也不如成年人。

几乎没有参加过全国大赛的我形单影只，因为所在的学校不怎么有名，加上一直在主流圈外训练，没有人瞧得上我。在这样的氛围中，淡然的心态反倒让我受益。如果当时有“全国最棒的球员就是我”之类的想法，孤独的处境会让我更加难受。

第43届秋季全国初中足球联盟战结束后，父亲和我开始考虑升高中的问题。在这个问题上我们没有费多少心思，结论是首尔的东北高中。东北高中原本就是传统的足球名校，而且刚好从那年开始，正式成为K联赛首尔FC的青训梯队，是最好的去处。不过按照学籍规定，若是从育民馆中学毕业，我无法进入东北高中。不得已，临毕业前我又匆忙转到东北中学。和小学（嘉山、扶安）一样，初中我也转了三次学（后坪中学、育民馆中学、东北中学）。为了延续我的足球梦，父亲演绎了现代版“孟母三迁”的故事。

每次转学都需要准备大量的资料，处理复杂的审批手续，这些全都是父亲抽出时间办理疏通。看到转学审批时间拖得有点长，他甚至找到育民馆中学足球部主教练大闹一番。我之所以能在艰难复杂的足球之路上坚持下来，全靠父亲无私的付出。虽然经济拮据，父亲给我和哥哥买的一定是最好的球衣和球鞋。他自己宁肯穿着露洞的袜子，给两个儿子准备的一定是崭新的袜子。

进入“全国知名”的高中足球部后，训练和比赛日程都变得非常紧凑。到了春天，我入选U16国家队并参加了在日本进行的萨尼克斯杯赛。记得看到日本高中球员流畅轻快的短传配合，我感觉很是赏心悦目。当时我年级低，身材也比较瘦小，没能获得首发的机会。即便如此，能到外国比赛，哪怕只能上场一小会儿，我也感觉很有收获。

东北高中足球部的生活也很有意思，不过为了适应和父亲完全不同的训练方式，也吃了不少苦头。毕竟是足球名校，我的队友们个个实力超群，没有比和优秀的队友竞争更有乐趣、更有动力的事情。不过这样的日子没过多久，突然有个机会，而且是大到简直不可思议的绝佳机会落到我这样一个梦想到欧洲踢球的春川“土包子”的头上。

04

机　　会

SON

7

我从小有两个梦想，一个是成为职业足球运动员，一个是在代表世界最高水平的欧洲五大联赛踢球。说出来大家可能不信，自小学三年级开始跟随父亲正规训练时，我就有了“到欧洲踢球”的梦想。懵懂的年纪就能有这样的梦想，可能是得益于父亲从小就给我灌输“既然有梦何患其宏”的理念吧。

父亲也有过梦想，他说自己十来岁开始就渴望去德甲踢球。后来我在网上了解到，20 世纪 70 年代，德甲才是世界上水平最高的足球联赛。我梦想的舞台是英超联赛。为什么是英超，这得从我正式开始足球训练后的第二年开始说起。那年的 2002 韩日世界杯，真心让我感受到了足球带来的激情。之后世界杯英雄朴智星和李荣杓一起转会到 PSV 埃因霍温，看他们出场的欧冠比赛就成了我的必修课。在我刚进入中学足球部时，这两位前辈分别转会到英超的曼联和托特纳姆热刺俱乐部。尤其是曼联，那可是大卫·贝克汉姆效力过的英超豪门，韩国球员竟然能加盟这样的超级俱乐部，让我简直难以相信。随着这些前辈不断挑战欧洲舞台的新高度，我的梦想也逐渐明确为英超联赛。我想在那里纵情驰骋，享受进球后几万人一同欢呼的激情场面。对于整日在春川的土操场反复练习颠球的少年来说，这绝对是宏伟的梦想，就和其他孩子“长大后要成为托尼·史塔克”的想法差不多吧。

升入东北高中一年级没多久，实现梦想的机会找上门。那天在参加周末联赛（2008 赛季 SBS 高校俱乐部挑战联赛）的时候，我突然接到父亲的电话，让我准备赛后去坡州。问及缘由，父亲说是韩国足协有优秀球员海外留学项目，要选拔 6 名球员送往欧洲。

关于这个项目，其实我早就有所了解。上初中时，父亲曾拿来厚厚的一沓资料，叫我“仔细看看”。那是韩国足协海外留学项目的前辈们在研修期间的足球日记。父亲的生活尽管与世隔绝，却总能变戏法似的给儿子弄来这样的内部资料。其中作为留学项目第五期(2007年)的成员，在英格兰雷丁研修一年的池东沅和南泰熙前辈的日记，给我留下的印象最深刻。两位前辈那时早已“全国知名”，雷丁这个俱乐部虽是头一次听说，但毕竟是英超球队，所以他们的日记一下子吸引了我。具体的内容如今想来已经有些模糊，只记得当时看着日记，能大概感受到他们在欧洲如何训练、如何生活。其实这是韩国足协网站上的资料，现在也能下载。

当时的感受中，有一点我至今仍然记忆深刻，那就是羡慕，非常非常的羡慕。“换成我也能做得很好”的念头，让我心潮澎湃遐想联翩。当然贫困的家境不可能让我凭借自己的力量去欧洲留学，那才是肉眼可见的现实。不过现在看来，父亲并没有被这种窘境所困，早早在儿子的

机会像天使般降临
我抓住了前往欧洲的机会
那是梦想的起点

人生规划里播下了进军欧洲的种子。

韩国足协的海外留学项目，几乎是我能靠近梦想的唯一机会。现在回头再看，也有命运之神的垂青。因为我参加的第六期为最后一期，之后该项目就中断了。如果我哪怕晚出生一年，韩国足协的留学项目也会与我无关，不可能造就我和汉堡之间的缘分。

父亲看似非常兴奋，见面就劈头盖脸一通说："这次有戏，好好挑战一次。"我的第一反应是"嗯？"，能参加选拔我当然开心，但父亲的状态实在有些反常，让我摸不着头脑。在我的印象中，作为民间足球的另类，父亲和韩国精英足球圈几乎水火不相容。只要提到足协、足球联盟、职业俱乐部、精英足球部之类的词，他就会没来由的大发雷霆。因为他发起火来太恐怖，我连缘由都不敢问，妈妈也只是说"父亲不喜欢那些"。这样的父亲居然说"有戏"，那天热得要命，他不会是中暑了吧？

在前往坡州的路上听到父亲的解释，我才解开了心中的疑惑。据说是这一期由德国的俱乐部派出球探亲自挑选球员。之前第一期到第五期的球员由韩国足协选拔，虽然是以球技为主精挑细选，但选拔出的球员到了法国、巴西和英国等国家的俱乐部后，均出现难以适应当地环境等问题，大多数人的发展不如预期。

现在回头再看，十来岁的孩子想要适应欧洲足球，除了要具备实力，个人的风格也很重要。首先在球场上踢球的风格要和欧洲足球场合，就是说不仅是控球的个人技术，"如何跑位"也要和欧洲足球的风格相符；其次在场下要尽力自然地融入欧洲人的生活方式，如果不能融入，哪怕是强忍着也要坚持下来。这话说起来轻松，但在人生地不熟的国外，一个青春期的孩子要独自承受种种压力，其实真的很难。

韩国足协绞尽脑汁拿出的解决方案，就是“让负责培训的欧洲俱乐部直接挑选苗子”。这个方案首次付诸实践，就是我参加的第六期。那年留学项目的合作对象是德国的汉堡和纽伦堡俱乐部。两家俱乐部派出球探，各自挑选三名球员带到德国培训一年，满意就签下。不过当时我并不清楚这些详情，进入坡州训练中心之后，也只知道是“德国人来选苗子”。

我到达坡州的时候，U16 国家队大名单上的 30 多名队员早已入场，在德国人的注视下进行训练。由于踢了周末联赛，我只能参加最后两天的练习赛。给初三时把我召入 U15 国家队的宋京燮教练行礼后，我直接被安排下场踢练习赛。

练习赛共三节，每节 25 分钟。第一节我踢的是最熟悉的右边锋。因为是踢完联赛赶过来的，感觉有些累，但我首次触球的脚感非常好，“今天状态不错”的想法油然而生。有了信心后，球在脚下也很听话，盘带起来流畅自如，突破几乎所向披靡。

第一节结束后，一直陪同德国人的韩国足协官员过来叫我“下一节试试踢左边锋”。我的心“扑通”一下沉下来，明明感觉踢得挺好的，怎么突然让我变换位置呢？难道我踢得很差劲吗？总之当时我脑子里乱糟糟的，心里起了杂念。

第二节我换到左边，幸好那天状态确实很好，没过多久就消除了焦虑感。我在左路轻松摆脱防守，下底后的左脚传中也精准地飞到门前。我从小被父亲严厉要求左右脚能力均衡，正是得益于父亲的执拗，我才能自如地使用左脚，现在我甚至觉得用左脚射门更有把握。

第二节顺利结束，气喘吁吁的同时我也松了一口气。正准备最后一节的时候，那个官员又过来让我“这次顶在最前边踢中锋”。这是什么意思？我在左边好像踢得也不错，实在搞不明白为什么总让我一个人换来换去。

踢中锋必然要和对方中后卫缠斗，而我并不擅长与防守球员拼身体拼力量，而是更习惯插空当的踢法。因为是临时拼凑的队伍，和给我传球的队友素不相识，根本不能指望他们会明白我的跑位。反过来，我也不清楚他们习惯的打法。这样的情况倒是激起了我的争强好胜之心，反正那天我的状态特别好，好几次用速度抢到后场长传球。就这样顺利地，不，应该是很出色地完成了比赛。

之后的一个多星期没有任何消息。各种想法在我脑中交织，我的表现应该是很出色的啊，但那天为什么总让我变换位置呢？难道是因为我在自己的位置上不够出色吗？我也想去欧洲写足球日记啊。就在我胡思乱想的时候，父亲打来电话。从不接听陌生电话的父亲，那天鬼使神差地接了个陌生电话，竟然是足协的录用通知。

天啊，我要去欧洲了！我可以去汉堡俱乐部青训营练球了，这不是梦吧？相比之下，小学时在加农炮射门比赛中赢得PS游戏机的成就感绝对是小儿科了。就像做梦一样，天上突然掉下了去欧洲的机会。父亲说我要去汉堡俱乐部，管它是汉堡还是纽伦堡，反正都是欧洲，而且还都是德甲俱乐部。对了，既然要选我，那天为什么还要让我换来换去呢？搞得我心里七上八下的。

后来韩国足协的负责人告诉我其中的原委。

“其实汉堡俱乐部的球探那时候已经有些不耐烦了，说是没有称心如意的苗子。最后阶段你出现后，他突然来劲了，主动询问那个孩子是谁？第一节结束后，是他要求让你踢左边锋，然后又要求你踢单前锋。他整场真的只观察你一个人，看你能不能胜任多个位置。比赛结束后，他当场表示要把你带走。”

“有准备的人才能抓住机会”，凡是足球运动员，这句话都会听得耳朵起茧子。这句话听起来易懂，但真正做到却很难，所以教练们会一直挂在嘴边，时刻提醒球员。当时我并不知道，自己其实抓住了最后一线机会。这不仅是我的能力使然，如果没有父亲在困境中的引导和铺垫，如果没有全家人一如既往地支持和鼓励，是万万不可能抓住这个机会的。

05

邻　　村

SON

7

Guten Tag, Ich heiße Heung-Min Son. Ich freue mich, Sie kennenzulernen。（译者注：德语意为“你好，我是孙兴慜。见到你很高兴。”）

开始学德语了，因为我要去德国了嘛！入选韩国足协海外留学项目第六期名单后，我马上着手做前往欧洲的准备。春风得意的我，每天都兴奋得飘飘然，对于实现了到欧洲踢球梦的十来岁的足球少年来说，这是再自然不过的事情。

当小儿子兴奋得找不到北的时候，父亲却是有条不紊地筹备相关事宜。第一项工作是让我学习德语，父亲认为“哪怕会一句德语，也比不会强”，马上就着手寻找德语老师。春川是比大家想象中还要小的城市，物色德语老师并不容易。打探了好几天，总算请到了一位德国海归。父亲就像想吃一口吃成胖子一样，把我每天上课时间一下子定为 4 个小时。

有了目标就恨不得马上磨杵成针的家风，再次发挥了威力。

平生第一次接触的德语，真是个荒唐的东西。比如德语的名词要分性别这件事，就让我受不了。又不是人，名词怎么还分什么男女，而且还有中性？从发音到语法，所有的一切都和韩语截然不同，真是太神奇了。学完问候语，再背“阿因”“次巴以”“德拉以”（译者注：德语数字一、二、三），还掌握了足球场上常用的词汇，比如右边、左边、长的、短的、快点，等等。

对于比起教室更熟悉操场的我来讲，长时间坐在一个地方本身就是苦不堪言的事情。不过我还是耐着性子，尽量把词汇背得滚瓜烂熟。因为我也觉得现在多学一点，之后就能更快适应德国。后来我才知道，相对于我家的家境，当时的辅导费贵得离谱。父母之恩，既让我感激，又让我愧疚。

上学籍的处理出现了些矛盾。周边人善意地提醒我们，眼光要放长远，一年研修后有可能还得回韩国，要做两手准备。若是考虑韩国足坛的潜规则，他们的忠告不无道理。一旦脱离了体制，想再回归并不容易。

父亲的态度很坚决：“如果还想着回韩国，现在就别去了”，摆出一副背水一战的架势。父亲原本与精英足球圈的关系就不大融洽，尤其对大人拿孩子做文章的恶习极度厌恶，他自然不愿用我的身份归属做交易，期间看似也有过我难以理解的大人之间的较劲。

到头来，全家经过讨论做出了让我从东北高中主动辍学的决定。上学还不到三个月，我与东北高中足球部便缘尽于此。因为就读时间太短，我几乎没有东北高中时期的记忆，甚至连张东北高中时的照片都没有。

做出主动辍学的决定，其实并不简单。正如队友父母的忠告，如果不能留在汉堡队，回到韩国之后我的球员生涯可能就此终结，因为几乎不可能有学校会收下曾经主动拒绝过校园足球系统的球员。不过我们还是不顾来自各方的劝阻，向学校提出了辍学申请。1954 年世界杯亚洲区预选赛，韩国队主教练李裕瀅在出征日本前悲壮发誓："如果不能赢下日本，所有人投身玄海滩（译者注：位于日本九州西北部的海域，以风浪大著名）。"提交辍学申请时，我们全家人的内心也是如此悲壮，破釜沉舟，以示决心。

临出国的几天前，我在现代峨山医院接受了体检。本以为只是简单的检查而已，结果被吓得够呛。长达几个小时的时间里，他们让我做了好多项检查，说是检测肌肉力量、关节、心肺功能等数值，但让我难以消受的项目实在太多了，比如单车阻力设置得很高，连轮子都难以转动。第一轮测试下来，我的心里突然惶惶不安，"不会因为体能不达标导致研修泡汤吧？"在接下来的检测中，我拼命地跑、跳、投，以致完成所有测试回到家后，感觉都透支了。不会有什么问题吧？好不容易抓住的机会，不会就这样飞走吧？我就这样带枕着各种千奇百怪的忧虑，迷迷糊糊进入了梦乡。

幸运的是，体测结果对我欧洲之行并没有产生任何影响。离开韩国的日子临近，我在打包行李时尽可能轻车简从，只带球鞋、球衣和必需的日常用品。当时那个年纪的孩子本来就没多少个人物品，此前又没在欧洲生活过，不清楚需要带什么东西。比如没有带上让我在德国魂牵梦绕的电饭锅，就是因为经验不足。

妈妈好几次偷偷流泪。我从小在家里就扮演着"闺女"的角色，长相也随母亲。妈妈说我和姥爷长得像从一个模子刻出来的，相反哥哥的长相和性情都随父亲。他们是家里的"硬汉"，妈妈和我则负责温柔慈祥和撒娇卖萌。要把这样一个在家里如同"闺女"的小儿子送到万里之外的德国，在人生地不熟的地方独自生活一年，对妈妈来说无疑是难以割舍的痛苦。回想起那时的情景，我愈发体会到现在能和父母一起在英国伦敦生活是多么幸福的事情。

出发那天，父母一直送我到仁川国际机场。他们很清楚这次的欧洲之行将是儿子实现梦想的大好机会，所以没有过多流露出骨肉分离的不舍，更多是支持和鼓励。长路漫漫而我并非独行，这也让他们安心不少。一起去汉堡的还有顺天高中的金敏赫和长薰高中的金钟必，以及韩国足协派遣的专门负责帮助三个小不点儿适应当地生活的职员。除了食宿由汉堡队提供以外，包括机票在内的其他一切费用都由韩国足协承担。而且韩国足协根据前几期留学项目的经验，提供了各种便利和支持，这对我们来说无疑是巨大的帮助。

经过漫长飞行抵达汉堡，感受自然是人地生疏，一切都那么新奇。看到以为是吹牛的“奔驰出租车”竟然真在机场门口排队等候，我们都惊呆了。迎接我们的也是一辆奔驰商务车，虽然不是自己的车，但同样有种突如其来的幸福感，让我们兴高采烈。因为俱乐部基地附近的宿舍还没有准备妥当，我们暂时在酒店落脚。放下行李后，我给家里打电话报了平安。

父亲再次强调曾嘱咐过好几次的话：“小慜啊，你要明白到现在你还一事无成。虽然现在的确到了你那么向往的欧洲，但这只是第一步，不能仅仅满足于此。你不是有成为职业球员，踏上英超赛场的梦想吗?现在你只是到了梦想的邻村，在那里你要自己努力，要相信拼尽全力就能真正实现梦想。”

疲倦袭来，我瘫倒在酒店的床上。管他什么欧洲足球，得先睡一会儿。把头埋进枕头里，陌生的天花板映入眼帘，翻身侧卧则会看到窗

在汉堡良好的环境中

我们三人经历了很多，学到了很多

外陌生的风景。我一心想去的地方，它的邻村原来是这番模样啊。突然一种忧虑涌上心头，如果在这里签不了约怎么办？一年研修后，不能和汉堡队签约就得回到韩国，那该怎么办？回到韩国会怎么样呢？我当时已经主动辍学，回到韩国也是无处可去，有什么脸面去见一直为我操劳的父母？

父亲一直以来为我倾注的至诚心血无法用金钱衡量。我在精英体系学足球的时间只有一年左右，可以说我的球技完全是父亲雕琢的作品。陶工要想铸造一件精品，需要经历无数次的试验和失败。父亲为了铸造我这件“陶器”，不惜代价地奉献了 7 年时光。如果我不能在这里争到一席之地，绝对是极大的不孝。

从小我就想象自己在欧洲踢球的样子，编织着自己的足球梦。我以为只要到欧洲，自己就能稳稳当当地做好所有事情。万万没想到美梦成真的时候，不仅不兴奋，反而忧心忡忡。虽然把头埋进枕头闭上眼睛，但满脑子的顾虑让我辗转难眠。

第二天，俱乐部工作人员带我们参观了汉堡俱乐部基地、训练中心和球队主场 HSH 北方银行竞技场（译者注：2010 年冠名为英泰竞技场，2015 年起更名为禾克斯公园球场）。基地的规模算不上宏大，但处处彰显着德国足球名门的风范。走廊里挂着很多曾经在汉堡效力的名宿照片，其中就有 20 世纪七八十年代的世界超级巨星、英格兰人凯文 · 基冈。我以前只见过他中年后留着齐整短发的模样，而现在看到那位风度翩翩的绅士在年轻时也曾是长发狮子头，感觉十分有趣。在奖杯陈列室，众多奖杯耀眼夺目，只在照片里见过的德甲冠军奖杯（巨大的银色盾牌）和被称作“大耳朵杯”的欧冠奖杯赫然在列。

1887 年建队的汉堡足球俱乐部拥有 121 年的历史，曾多达 6 次问鼎德甲联赛，最近一座德甲冠军奖杯是1982/1983赛季在一代名帅恩斯特·哈佩尔率领下夺得的。也是那个赛季，汉堡队在欧洲俱乐部冠军杯（欧冠联赛前身）决赛中1∶0战胜尤文图斯，成为欧洲霸主。对于来自韩国的3名十来岁的孩子来说，球队主场实在是太有范儿了。能容纳5.7万名观众的球场处处都用汉堡俱乐部的主色调蓝黑色装饰，让人肃然起敬。看着雄威的球场内景和绿茵茵的草皮，我的心头一阵悸动，耳边听着关于球场的介绍，脑子里却想象着我在场上驰骋的模样。在那里踢球，会是什么感觉呢？孙兴慜身披蓝色战袍打进精彩进球，在全场球迷面前帅气一跃庆祝进球，这些想象足以令我心潮澎湃。

回忆

我的故事 01

배려로 화합하는

课间 10 分钟
就是那点时间我也会拿起足球冲到操场
和同学一起或独自踢球
常常导致下节课迟到

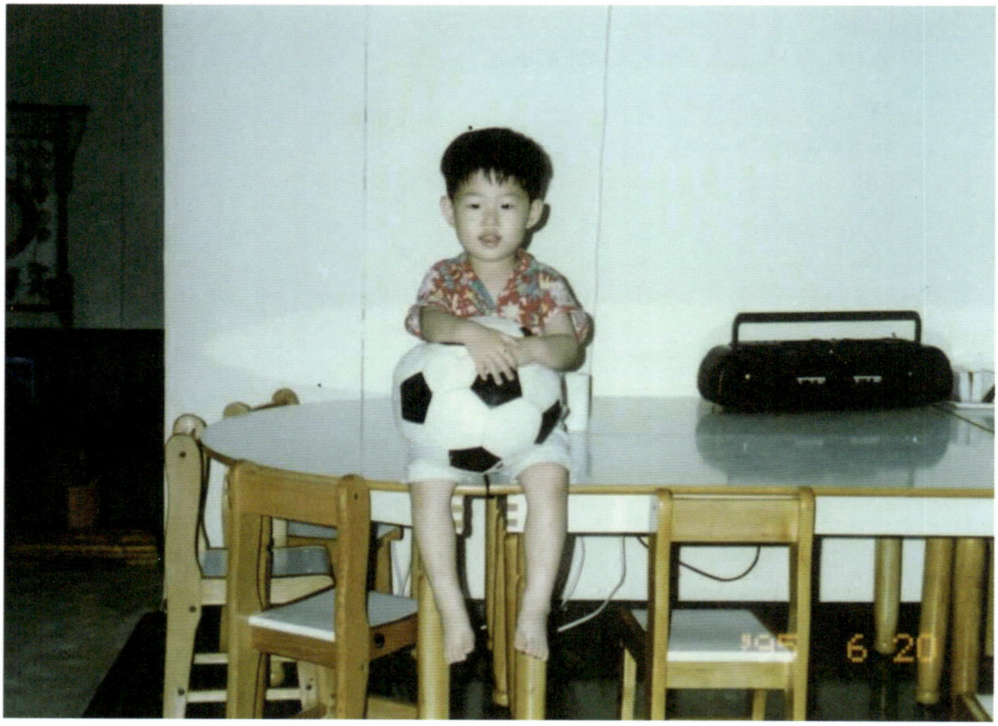

小时候除了足球，我没有特别感兴趣的东西

其实，这一点直到现在也没多大变化

颠球绕操场三圈

左脚一圈，右脚一圈

双脚再绕一圈

真挺难的

在汉堡俱乐部青训营
那段训练和生活的经历非常棒
到现在我也把汉堡视为第二故乡

Son Heung Min

06

套　瓷

SON

7

对外籍球员来说，初期的关键是适应。球场上自不用说，在场外能否自然地融入当地社会也很重要。如果你在日常生活中过得不顺心，在场上也难以发挥出正常水平。我必须尽快掌握所在国家的语言，熟练使用英语会有所帮助，但最好的沟通方式还是当地的语言。当然掌握外语并非易事，但必须得克服困难，迈过这个难关。这是切身之谈。

在酒店住了几天后，我们搬进俱乐部基地附近的三室公寓。幸好我们三个人都有足球部合宿经历，对日常生活中的家务活至少有最起码的概念。三个人商议后，把做饭、洗碗、洗衣进行分工。我压根儿就不会做饭，也不大会洗衣服，所以自告奋勇负责最有把握的洗碗。

德国是发达国家，但也有让人感觉难以适应的不便之处。公寓里没有网络和洗衣机，韩国足协负责人咨询了当地网络运营商，得到的答复竟然是如果现在申请，6 个月后才能安装使用。所幸的是，俱乐部基地里有无线网和洗衣机。我们三个人每天去基地时，除了球鞋等装备以外，还要带上笔记本电脑和一大堆脏衣服。周一到周五，我们每天都要去学校上德语课和其他课程。德语很难，在国内的速成辅导课获得的一丝自信，被四面八方涌来的地道德语冲刷得干干净净。不过哪怕是比画，我也努力和当地人尽量多做沟通。

为了不让我们互相依赖，俱乐部把我们打散，分到不同年龄组球队，钟必分到 U16 梯队、我分到 U17 梯队、敏赫哥分到 U19 梯队。训练时周边没有韩国伙伴，我就得更加拼命学习德语。俱乐部的意思是每周只上三天德语课就行，但我执意周一到周五每天都去。机会来之不易，我急切地想做好任何力所能及的事情。上课内容几乎听不懂，训练和比赛的疲劳也让我备受折磨。即使那样，我也逼着自己不旷课不打瞌睡。

为了能尽快听懂队友们表达，我采取的方法是不顾一切“套瓷”。每次走进俱乐部，我都大喊“Guten Morgen”（德语“你好”）。一开始当然有点难堪，因为听不懂对方的回应，我不知道该怎么接下去。不过无论在韩国还是德国，都是礼多人不怪，大家用宽容的笑脸化解了我的尴尬。每天在学校学到的新词汇，当天的训练中我都不分青红皂白地一股脑用上。比如学到了“比如”，和 U17 梯队的队友在一起时，我就会冷不丁地喊出“比如”。德国孩子们对我这样的乱弹琴觉得很好玩，笑着问我：“你这是哪儿学的啊？”不过正是因为这样的厚脸皮，我才能和德国孩子们多说上哪怕是一句话。有时我说错了，他们会帮我纠正。神奇的是，这样面对面学到的词汇和短句，却能记得特别清楚。

我所属的汉堡俱乐部 U17 梯队参加的是德国北区俱乐部的 U17 联赛。2008 年 10 月我参加完 U16 亚洲少年足球锦标赛后回到德国，第二天刚好赶上和汉莎罗斯托克 U17 梯队的比赛，没想到我的名字竟然在出战名单上。上半场比赛结束时，我们队 0 ∶ 1 落后。主教练马克斯·冯·阿伦对我说：“孙，下半场你上，赶紧热身！”

终于迎来了在德国的第一次登场机会，我的内心有些焦虑。因为比起如何讨好主教练，我想的更多的是如何赢得比赛。我的好胜心太强，见不得自己的球队输球。从小时候起，一旦比赛结果不如意，我就会掉眼泪。也不是因为有多悲伤，反正眼泪就那么流出来。这个毛病长大了也改不掉，很想赢得比赛但赢不下来，我就会不知不觉流眼泪——在代表国家队参加的大型赛事中屡屡掉眼泪，2017/2018 赛季欧冠联赛八分之一决赛输给尤文图斯后流泪，都是因为这种性格。越是想赢的比赛，越是如此。

总之，下半场一开始我就上场了，队友们大声为我的第一次登场加油鼓劲。这时我到汉堡俱乐部还不到 4 个月，中间因为亚少赛离开了将近一个月，和队友磨合的时间并不长，上场后好一阵没碰到球。下半场第 15 分钟，帕比看到我的启动，向前传出了完美的直塞球。我则使出吃奶的劲儿向前一蹚，形成和对方守门员的一对一。瞄准空当推射，皮球应声入网！这是我在欧洲打进的第一粒进球，队友们全都跑过来和我一起庆祝。不过处子球的喜悦，因为球队的 1 ∶ 2 失利褪色不少。比赛结束后，相比进球的成就感，我的内心更多的是输掉比赛的遗憾和愤懑。

与此同时，我也正式开始了在 U17 梯队的训练。可能是不管三七二十一的“套瓷”起到了作用，队友们在赛场外对我很好。问题出现在场内，任何都能看得到的机会，队友们就是不给我传球。我不想把这种现象归咎于种族歧视，应该只是孩子们之间存在的欺生现象。在队内比赛中，我好几次出现得不到传球，全场折返跑的情况，于是我决定上前主动抢球。既然队友不给我传球，我只能自己将球从对方脚下抢过来。每当离我不远的对手拿到球，我都会果断地扑上去。在别人眼里，这应该被看成是“充满斗志”。加上我在比赛中的进球逐渐增多，德国队友们才慢慢向我敞开怀抱。当我跑向空位时，球也开始传过来了。

就这样，一年的进修时间眨眼而逝，汉堡俱乐部向我抛出了橄榄枝。因为距离能签职业合同的年纪（满 18 岁）还差一点，他们提出先和我签一年青训合同。不过这时签证出了问题，要想签青训合同需要有学生签证，但没有批下来。汉堡俱乐部表示“签证我们解决不了”，在签约问题上打起了退堂鼓。结果研修期结束后，我突然成了无籍球员——因为已经从东北高中主动辍学，即使回韩国也无处可去。梦幻一般的研修一结束，我的世界突然变得灰暗，感觉前途一片茫然。

不管如何，我还是想留在欧洲，于是开始百般打听能收留我的俱乐部。不仅在德国，我甚至飞到英国，在布莱克本和朴茨茅斯接受试训。所幸的是，试训的俱乐部都想和我签约，这给了我一丝安慰。布莱克本甚至提出了十分具体的签约方法，先签下职业合同（英国满 16 岁就能签职业合同），租借三年比利时或德国俱乐部后找机会归队。对于饱受无籍身份困扰的我来说，这个提案很有诱惑力，但周边的人并不赞成。因为在租借期间，如果布莱克本俱乐部内部发生变化，就会很轻易地抛弃我，谁都无法保证选中我的教练会一直待到我能归队的时候。在欧洲，这样被抛弃在异国他乡的希望之星实在太多了。思来想去，我们决定孤注一掷，在 10 月于尼日利亚举行的国际足联 17 岁以下世界杯赛上全力一搏。当时执教韩国 U17 国家队的主教练是李光钟，一起带队的首席助理教练宋京燮是当年把我召入 U15 国家队的伯乐。在 F 组我们的对手是传统足球强国意大利队和乌拉圭队，以及非洲黑马阿尔及利亚队。第一场和乌拉圭队的比赛中，我打进韩国队的第二个进球，为最终 3 ：1

获胜助了一臂之力。虽然第二场比赛我们输给意大利队，但最后一场小组赛我们 2 ： 0 击败阿尔及利亚队，成功晋级 16 强。那场比赛中，李宗浩（现效力于全南天龙）打进第一球，我打进第二球。

在 16 强淘汰赛，我们以点球淘汰墨西哥队，8 强战则遭遇东道主尼日利亚队。虽然最终我们 1 ： 3 失利，但我在上半场第 40 分钟打进一球，一度扳平比分。当时在前场甩掉防守球员后，我观察到对方球门有点空虚。虽然距离有点远，但我对自己的射门一向很有信心，于是不假思索地全力抽射，皮球画出抛物线，从守门员的手和球门横梁之间飞进球门。据说，是这脚远射让一度打起退堂鼓的汉堡俱乐部下定决心和我签约。相对于注重球员综合能力的韩国，欧洲俱乐部更重视个性化。球员只要有一个与众不同的武器加身，就会被视为大有潜力。对我来说，射门能力就是这样的武器。

世界杯结束后，之前不冷不热的汉堡俱乐部显得非常积极。我内心大呼庆幸，不过签证依旧是麻烦。虽然俱乐部出面做了工作，但由于他们不是正式教育机构，很难获批签证，当然也没有德国学校无缘无故帮我解决签证问题。俱乐部表示，只要我拿到签证，马上签约。无奈之下，我和经纪人决定拿着所有资料，直接到外务部办公室碰运气。欧洲国家的办事效率不像韩国那么快捷，职员刚处理几份文件就换班，不同职员要求的资料也不尽相同。从一大早递交签证申请开始，一直拖到快下班的时候还没有结果，搞得我心急如焚。

最后的审查官是一位越南裔的老奶奶，她翻着我的资料，苦恼地叹了叹气。那天被问了无数次的问题又再重复，那时我的回答已经接近于哀求。快到外务部签证审查截止时间的时候，老奶奶高抬贵手，说着祝福语给我盖了签证章。拿到签证的那一刻，3 个月来一直压在心头的巨大冰山仿佛瞬间消融。不过以防万一，我强压着喜悦匆匆离开了让我揪心了一整天的外务部办公室。到了街头，我就像获得世界杯冠军一样，肆意地呐喊，尽情欢呼。街上的行人都用异样的眼光看着我，管他们呢！

07

X 光片

SON

7

一拿到德国留学生签证，我立马狂奔到俱乐部。当亮出新鲜出炉还热乎的签证时，汉堡俱乐部的工作人员难以置信地拿着护照左右端详，俱乐部律师更是再三确认："签证真的批下来了？"那位律师以签证问题为由，一直不支持俱乐部和我签约。看他吃瘪的样子，我的内心爽极了。其实从他们的反应也能知道，我拿到签证是多么不寻常的事情。

事到如今，汉堡方面不得不遵守"拿到签证就签约"的约定。合同内容早已谈好，以前汉堡俱乐部认为我的签证肯定不会批下来，对我方提出的各种条件（报销赛季中往返韩国的机票等）没有讨价还价全部答应。随着我的签字，汉堡俱乐部历史上第一个韩国籍的青训营正式球员诞生了。在签证审查台前揪心挠头、越南裔奶奶级职员高抬贵手，还有在青训合同上签字，这些事全部发生在同一天。现在回想起来，仍然觉得不可思议。

历经一番周折后，韩国足协海外留学项目第六期六个人中，只有我留在德国。搬出和朋友们曾经共同居住的公寓，我在汉堡俱乐部基地的青训营专用宿舍开始了单身生活。俱乐部提供食宿，让我这个穷人家的孩子欣喜万分。不过，很快我就高兴不起来了。宿舍的一日三餐全部根据从小吃面包长大的当地孩子们的饮食习惯制定，像我这样来自韩国的孩子根本吃不惯。

我是米饭体质，从小因为喜欢吃米饭，吃得又多，被家里人称为“饭豆”。但米饭这个最基本的主食，却成了我难以解决的最大问题。汉堡俱乐部青训营厨房不可能为一个韩国孩子单独做米饭，而且青训营宿舍严格规定不许个人在房间里开小灶。宿舍管理员奶奶时不时地搞突袭查房，若是查出房间有违规物品，绝不轻饶。我也不能每天都跑到市里的韩餐厅解决，耗不起时间也没那笔钱。因为太想吃韩国料理，甚至在网上搜索食物照片来解馋——想起泡菜汤就搜索泡菜汤照片，想起炒年糕就搜索炒年糕的照片。现在是笑说往事，当时可是对自己呆望着笔记本电脑屏幕咽口水的处境倍感心酸。旅欧踢球的风光背后，其实是时常感觉饥饿的现实。

我怕父母担心，所以这些事和父母绝口不提。不过和哥哥通话就不一样了，积怨一下子爆发出来。我想吃方便面，想回国，于是不停缠着哥哥发牢骚。每当我喊累，父亲都会严厉地说：“要想成功，必须要付出。”即现在投资努力，10 年、20 年后才能获得回报。不过，一直不苟言笑的父亲其实内心也是忧心忡忡，反复斟酌后决定辞去韩国的工作，到德国照料我。因为囊中羞涩，为了节省费用，他只能住基地附近最廉价的旅馆。

父亲第一次来到我的宿舍后惊骇不已，因为在近乎洁癖的父亲眼里，我的房间无异于垃圾堆。他当即决定打扫房间，搬起床垫清理沉积的灰尘，用湿抹布把房间的每个角落都擦得干干净净。现在也是，父亲每天早晨都要花两个小时打扫伦敦的房子，每天都要做那种在电视剧中偶尔才能看得到的大扫除，哪怕是窗框里的灰尘也不放过。父亲拿吸尘器的手上，都已经结出了老茧。

父亲用他从韩国带来的电饭锅亲手煮了白米饭，下饭菜虽然只有从韩国背来的泡菜和紫菜，但美味至极。对别人来说，这绝对是寒酸简陋的饭菜，但在当时的我看来，这简直是珍馐美馔。因为宿舍的规定，电饭锅用完以后要藏起来。每天吃完饭我就撒手不管，从洗碗到把电饭锅严严实实地掩藏在衣柜里之类的脏活累活，父亲全部包办。

对于我的训练，父亲也没有袖手旁观。他总是一动不动地伫立在场边，从头到尾认真观察我的训练。球队训练结束回到宿舍后，父亲说“得开始练肌肉了”，并在宿舍区健身房里亲自督导我训练。在父亲面前，绝对不可能偷懒或装病。父亲可不是那种布置完训练任务后只会在旁指点的教练，他会亲自上场，所有的力量训练项目和我做的完全一样，甚至有些项目的负重比我还重。

为了我，牺牲自己的生活，从韩国赶来的父亲就在眼前流汗，我自然不可能偷懒，就这样我们父子俩一同成为俱乐部基地健身房的常客。对这样形影不离的父子关系，德国队友们不是很理解。不过我心里只有对父亲的感激，我知道如果没有父亲陪伴，我极有可能早就选择放弃了。对一个韩国孩子来讲，汉堡青训营的生活太过孤独，加上饥饿和疲劳，独自一人是很难坚持下来的。

有了明确的身份，加上父亲无微不至的照料和我回报家人的决心，我很快从 U19 梯队升入一队预备队。2009/2010 赛季后半段，我已经能和成年队球员一同打预备队比赛，积累比赛经验。赛季结束后准备回趟韩国的时候，我又接到了当时一队首席助理教练米歇尔·厄宁的电话，他通知我休假结束后参加一队赛季前的备战集训。刚开始还以为自己听错了，因为我做梦也没想到机会来得这么快。当然，这并不是确定升入一队，如果在集训期间不能证明自己的价值，我还得返回预备队。回到韩国后，我也没敢偷懒，每天都坚持训练。有可能成为德甲球员的希望，给了我莫大的动力。

6 月末回到德国，我第一次随一队进行训练。一队里全是大牌球星，只在电视上看到过的荷兰人范尼斯特鲁伊、巴西国家队主力泽·罗伯托、入选前一个赛季德甲最佳阵容的丹尼斯·奥戈和秘鲁国家队主力保罗·格雷罗等球星就在跟前，那种感觉就像一个普通人夹在一堆演艺明星之间。我竟然能和这样的球星们同场训练，真是难以置信，激动得感觉眼睛不够用。范尼斯特鲁伊率先跟我打招呼，问我“认不认识 Ji（朴智星的昵称）”。因为他曾和朴智星前辈一起在曼联踢球，看似他对韩国球员很有好感。我当然非常了解朴智星前辈，但前辈不可能知道我这个小毛孩。无论是朴智星前辈还是范尼斯特鲁伊，对当时的我来讲，都是只能在电视里才能看到的“超级巨星”。能率先跟我这个小兄弟打招呼，已经让我感激不尽。范尼斯特鲁伊接着还鼓励我说：“你具备了特殊的才能，要更加大胆自信地去做。”当时我满脑子只有一个念头：“这是真的吗？”

备战期打了几场热身赛，我多是以替补出场，在 8 场热身赛进了 8 个球。汉堡队 2010/2011 赛季前最后的热身对手是切尔西，是那个切尔西吗？是的，就是大家熟悉的英超豪门切尔西。下半场第 37 分钟，双方以 1 ∶ 1 的比分相持不下之时，我替换范尼斯特鲁伊登场。

登场仅仅 5 分钟，机会突然降临。在切尔西禁区内，约翰·特里的解围球踢到我的身上后落在我的脚下。我顺势把球拨向左侧，晃过前面的里卡多·卡瓦略。我晃出角度后用左脚低射，干净利落地将球打进了切尔西的球门。一队的球星们都跑过来又摸又拍我的头，全场球迷更是用雷鸣般的欢呼声庆祝。哇，我攻破了切尔西的球门！不过福兮祸兮，我激动的心情并没有持续多久。就在比赛结束哨声响起之前，我在和卡瓦略的拼抢中被撞倒在地，当时左脚就疼得几乎站不起来，心里蓦地闪过不安的念头——不会吧？

第二天一早去医院，把肿得高高的左脚放在X光台上。看到照片，都没必要听医生的解释，因为片子上中左脚小脚趾骨的断裂十分清晰。眼看要升入一线队却受了伤，我的脑子“嗡”的一声，整个人彻底蒙圈了。

打着厚厚的石膏，拄着双拐，我来到了汉堡队主场英泰竞技场（Imtech Arena），因为偏偏那天要拍摄2010/2011赛季一线队的全家福。我在更衣室换上球衣，心头突然涌上一阵酸楚，心里埋怨撞倒我的卡瓦略，也后悔自己干吗非要那么拼命。见我的情绪不对，一线队的大哥们都来安慰我鼓励我。

去球场拍摄全家福之前，我躲在卫生间试图平息自己的情绪。范尼斯特鲁伊走进来，紧紧抱住我的肩膀说：“没关系，我们会等你的。”我强忍已久的眼泪砰地爆发了，范尼斯特鲁伊朴实又真挚的一句话，真真切切地触动了我内心的柔软处。

看到19岁的韩国小弟弟哇哇大哭，队友们和球队工作人员都围过来。他们温暖的拥抱和安慰，让我感受到情真意切的关心和爱护。慧眼识珠发现我的球队，跟我签订青训合同的球队，给了我晋升一线队机会的球队，用温暖的拥抱抚平我内心悲伤的球队……于我而言，汉堡，就是这样的存在。

08

笔记本电脑

SON

7

“景气是好事，萧条更是好事。”

每当我陷入困境时，父亲总是把这句话挂在嘴边。这是“经营之神”松下幸之助的名言。可能和原话的意思有些出入，这句话我理解为“不要屈服于困境，而是要更加努力”。

刚升入汉堡一队就遭遇脚趾骨折，显然是非常大的挫折。虽然我伤心得掉下眼泪，但这并不足以阻挡我的足球之路。欧洲球员受伤后往往会说，“I will be back stronger（我归来时会变得更强大）”。在两个月漫长的疗伤期间，为了变得更强大，我也尽了最大的努力。

球队赛季初的成绩还不错，开局取得两连胜后，到第 9 轮才输了两场。第 9 轮在主场更是 0 ： 0 逼平强敌拜仁慕尼黑，拿到了宝贵的一分。这时候我的伤势也已痊愈，拿到了队医可参加实战的许可签字。接下来德国足协杯（DFB–Pokal）客场对阵法兰克福的比赛，我的名字终于出现在了大名单中。康复期间还担心因伤错过机会，现在，一直悬着的心终于放下来了。

我们以全部主力首发，但上半场却 1 ∶ 3 落后。中场休息时，助理教练示意我热身。虽然盼望已久的一队正式首秀终于到来，不过我内心没有过于兴奋，只想赶紧扭转败局。下半场第 18 分钟出场后，虽然我竭尽所能投入到进攻中，但球队最终还是 2 ∶ 5 负于对手，尝到了杯赛出局的苦果。因为被淘汰，我心里几乎没有正式登上欧洲赛场的成就感，只有输掉比赛的沮丧。

三天后，机会再次到来。主教练阿明 · 费（Amin Veh）对我在与法兰克福交锋时的表现十分满意，把我排进联赛客场对阵科隆的首发阵容当中。阿明 · 费主教练在 2006/2007 赛季曾率领斯图加特队获得德甲联赛冠军，是当时欧洲足坛炙手可热的人气教练。能得到他的青睐，让我感到无比荣幸。德甲首秀的机会突然降临，而且还是首发！俱乐部基地的室友穆罕默德 · 贝希奇（Muhamed Bešić）听到消息后甚至比我还开心，就像自己获得了首发机会一样。我们同是 1992 年出生，从汉堡青训营时期就是好朋友。

首秀并不顺利，开场 10 分钟我们就丢了球。在我想做点什么的时候，为什么总会出现这种情况呢？不过还好，5 分钟后姆拉登 · 佩特里奇（Mladen Petrić）扳平比分，远征客场的汉堡球迷的气势也高涨起来。就在扳平比分后的 9 分钟，机会出现了。

赛前主教练就特意嘱咐我："对方后卫身后有空当时，要利用你的速度积极前插。"丢球后，急于取胜的科隆队大举压上，防线几乎压到了中场线附近。我和在后场拿到球的戈伊科 · 卡查尔（Gojko Kačar）对上了眼神，刹那间心有灵犀，我下意识地向前场的开阔地带飞奔，卡

查尔的传球也准确地送到那个位置。被我抓住进攻时机后，对方后卫试图造越位挽回失误，但那一刻，足球之神站到我这边——反越位成功。一眨眼，前面只有弃门出击的守门员，而我能比他快一步触到皮球。短短一瞬间，各种想法涌上心头。挑球过人，人球分过，还是直接射门？我选择了第一个方法！触球的感觉是那么的甜蜜，足球乖顺地越过守门员头顶，轻轻地落回我的身前。我用左脚脚弓轻推，皮球便乖乖地滚入球门。

在欧洲硬撑下来的两年两个月里，着实发生了太多的事情。虽然那段无籍球员的时间不算很长，但前路茫茫的感觉让我备受煎熬。为了照顾我，父亲也背井离乡来到德国。我经历了太多太多，才走到今天这一步。不过，足球仿佛并不关心这样那样的经历，自顾自地缓缓滚过了门线。球进了，Mein erstes tor（我的首球）！这是汉堡队史上最年轻球员的德甲进球纪录，是对一个男孩不懈努力的回报，是他献给家人的礼物。这一天，是 2010 年 10 月 30 日；这一天，我 18 岁零 113 天。

因为球队 2 ∶ 3 告负，以致我的德甲首球失色不少。尽管比赛结果让人失望，但这一次我却难以抑制内心的激动。毕竟不满 19 岁的我，签约青训合同也仅仅一年，就在世界五大联赛之一的德甲进球，而且这个进球打破了 39 年前由曼弗雷德 · 卡尔茨创造的汉堡球员德甲进球最年轻纪录。球队赛后直接返回汉堡，到达基地时已过凌晨两点，没想到的是，青训梯队的队友们和基地工作人员都在大堂等候着，用雷鸣般的掌声迎接我。我能明显地感觉到大家看我的眼神中多了一分敬意，毕竟青训球员代表一队参加联赛，还能进球的情形一向很罕见。想来其中也会有感觉不舒服的队友，毕竟大家还是处于一同竞争的关系。或许对于将来的后辈，我这一天的经历会成为激励他们的励志故事，但对于眼前

签下职业合同后

在梦想成真的成就感和能够给家里带来帮助的欣慰中

与父亲合影留念

的同伴，只会是“竞争中被抢了风头”的威胁。所以说实话，能得到青训梯队同伴们暖暖的祝福，有些出乎我的意料，也让我切身体会到欧洲足坛“实力为王”的真理。

接受同伴们的祝福后，我回到自己的房间。这么晚了，父亲还在等我。我不喜欢回家空荡荡的感觉，总希望推开门时就有家人相迎。知子莫如父，无论过去还是现在，无论多晚，父亲都会等着我回家。我心里一激动，上前抱住父亲。父亲的反应却很平静，淡淡地说：“辛苦了，早点休息吧，还得准备下场比赛呢。”我知道父亲向来吝于表达感情，但如此的淡然依旧让我不知该如何应对。

父亲拿起我的笔记本电脑，轻声说：“这个今天我收起来。”而我本想在床上看着网上对我德甲首球的评价，开心地入睡来着。父亲似乎看穿了我的心思，继续说道：“兴慜啊，对足球运动员来讲，最可怕的是骄傲自满。进了一个球，你的世界不会立即改变，现在要做的是准备下一场比赛，明天见。”说完，父亲推门离去。无法尽情享受德甲首球的快乐，让我突然觉得房间空荡荡的。直到最近，父亲才告诉我那天的情况，说他后来在返回廉价酒店的路上，仰望着夜空虔诚地做了祈祷：“上帝啊，请让兴慜尽快忘掉今天吧。”其实他对我德甲首球的兴奋不亚于我，但他更担心年少的我会因此膨胀。

赛后除了俱乐部官网，父亲和俱乐部禁止我接受其他媒体采访，就是为了不让我飘飘然。因为压根儿看不到网上的反响，我只能躺在床上闭了眼睛。脑海里反复回忆着进球的场景，直到入睡。

面对科隆队的职业生涯首球看似给俱乐部吃了定心丸，几天后在俱乐部办公室，我签下了人生第一份职业合同。从落笔的那一刻起，我成了真正的职业足球运动员。我职业生涯的第一份月薪是一万欧元。扣除将近一半的税款和其他一些费用，实际到手的钱真没多少。也就是说，虽然我踢上了德甲，但生活水平并没有立即提高到德甲级别。不过，我能开始赚钱解决我和父亲的滞留费用，这一点让我非常欣慰。

在此之前，我作为青训球员没有任何收入。即使升入一队，在德甲进球，让汉堡球迷格外开心时，我和父亲的生活依然很艰难。既没有和家人共同生活的窝，也没有汽车代步，父亲每天要步行几小时往返于酒店、基地和训练场之间。与青训梯队不同，一队训练场即使是直系家属也不得入内。因此训练开始后，父亲只能孤身在外面顶着寒风等待几个小时。那里连个遮风挡雨的地方都没有，但他硬挺着，只是为了照顾训练后的我。

因为职业属性，足球运动员的生活表面上看起来很华丽，或许可以说是极具魅力。但我认为这恰恰又是最容易让球员坠入迷惘的因素。稍有不慎，就会被光鲜靓丽的外表蒙蔽双眼，忘却现实迷失自我。年纪轻轻就受到关注，最终不声不响被埋没的球员实在是太多了。就是因为外界骤增的关注让他们忘乎所以，失去了危机感。

在汉堡一队出道初期，大家看到的表象和我的实际生活出入很大。在德甲联赛进球、入选韩国国家队出战亚洲杯，各种采访要求纷至沓来，媒体对我不吝使用“新星”“希望”“未来”之类的溢美之词。其实，那时我和家人还在艰难地死扛着。经常出现在电视新闻里的“超新星”孙兴慜还在宿舍里继续着电饭锅藏壁橱、小菜藏书桌抽屉的生活，“超新星”的父亲每天都要在寒风中步行数小时，母亲则远在韩国牵肠挂肚，每天能做的只有祷告。

直到第二年的 2 月份，艰难的留洋生活才渐渐好转。我们搬出俱乐部宿舍，在汉堡市内找了一处两居室的房子。那时我还没有驾照，但在朋友的帮助下选了一台符合新人身份的车辆，结束了父亲辛苦的步行生活。能把廉价酒店里的父亲和春川老家中的母亲都接过来一起生活，让我感到非常踏实。每天都能和家人一起吃母亲做的家常便饭，能在温暖的房间里入睡，这是来到欧洲后，我第一次体会到的“小确幸”。

09

室　　友

SON

7

有那么一句话，一觉醒来世界变了天。对阵科隆队取得进球后的第二天，我周边的世界也发生了这样的变化。那时我还是什么都不懂的乡下土包子，给球迷签名时手都会哆嗦，摄像机前接受采访时更是不知如何是好，眼睛该看哪儿、手该放在哪儿、语调该怎么保持——因为与科隆一战中的处子球，我和外部世界开始脱轨。

俱乐部官网自吹自擂：梅西的处子秀也是在 18 岁，我们现在可能是在见证一段新的传奇故事的开始。不仅德国媒体，韩国媒体关于我的报道也铺天盖地地涌出来。好多认识或不认识的人打来的电话，突然多得让家里人心惊肉跳。在训练场找我签名和合影的球迷突然增多，球队内部对我的态度也有了变化。平时训练中丝毫不近人情的老大哥们也真心祝贺我的联赛处子球，不时用鼓励的口气开着玩笑："我在你那个年纪时，吃喝拉撒都在球场上，你要更加努力啊。"去理疗室接受按摩，理疗师也跟我逗乐子：“哎呀，进了球就懂得过来理疗了，长大了啊！”

甚至韩国足协也传来消息，说国家队主教练赵广来会亲自到德国观看我的比赛。备战2011年亚洲杯，国家队教练组考察海外球员的名单上出现了我的名字，肯定是有招我入队的想法，赵广来主教练才会飞这么远过来考察我吧？我要进韩国国家队，和朴智星、李荣杓、车杜里这样的球星一起踢球了吗？每当躺在床上，不可思议的想象就在脑海中炸开了锅。

训练中可不敢偷懒，因为我还是一只刚有机会在汉堡一队上场的雏鸟，这个事实并没有变，而且赵广来主教练前来观战的消息也对我起到激励作用。比对了两边的日程后，韩国方面决定观看11月20日我们对阵汉诺威队的客场比赛。那场比赛前，队友低迷的状态倒是成全了我。算上之前一场对多特蒙德队的客场失利，球队在最近5场比赛中陷入了1胜1平3负的低谷，迫使教练组对阵容做出了调整。得益于此，我的名字出现在客场对阵汉诺威队的首发名单中。这是我继对阵科隆队之后的第二次首发出场。

比赛当天，我在酒店拜会了赵广来主教练和朴泰夏助理教练。众所周知，我一直游离在韩国足球主流圈子之外，加上年纪尚小，几乎没有足球界的前后辈关系，这回自然也是头一次见到赵广来主教练这样的韩国足坛名宿。赵广来主教练说他看过汉堡与科隆的比赛视频，称赞我进球时的处理很冷静，让我暗自开心。闲聊两句过后，他叮嘱我注意调整好状态，便结束对话各自前往球场。这样小小的认可或称赞，对年轻球员可是能起到莫大激励作用的。

或许是想要出彩的心思提升了比赛专注力，我的表现出乎意料的好。在球队0：1落后的情况下，我连进两球帮助球队逆转了比分。尤其第

学到很多东西的 2011 亚洲杯
对印度队我打进了国家队生涯的第一粒进球
这是我人生中难以忘记的一个瞬间

二球让我特别开心，因为是用我平时的短板——头球破门。但开心也只有那么短暂一瞬，对方随即扳平比分，又在比赛即将结束的补时阶段攻入一球，最终我们 2 ∶ 3 落败。和对阵科隆队的比赛一样，重演了我进球、球队输球的剧本。其实下半场第 34 分钟还曾有个绝佳机会，但我的左脚射门打在门柱上弹出。倒不是遗憾自己未能戴帽，在紧张的比赛过程中，我压根儿没想过帽子戏法的事情，只有拿下对手的念头。如果那球打进的话，绝对能压制住对方的气势，比赛结果也不会落败。所以比赛结束后，我对自己没抓住机会非常懊恼。

对阵汉诺威队的梅开二度，打破了德甲球员单场进两球的最年轻纪录。凭借出道后的不俗表现，我成为德甲官方选出的上半赛季最佳新人，也成为汉堡队上半赛季最佳球员之一。不过我越是进球，父亲越是操心，再三叮嘱我不要浮躁。希腊神话中“伊卡洛斯的故事”也讲了很多遍：年轻的伊卡洛斯忘掉父亲代达罗斯不要飞太高的叮嘱，凭借年轻的冲动越飞越高，最终被灼热的阳光熔化封蜡，跌落大海丧生。

不过世事常与愿违，我还是入选了韩国队 12 月初在济州岛备战亚洲杯的 47 人集训大名单。汉堡俱乐部拒绝了韩国足协提前抽调我的要求，这意味着俱乐部重视我，所以我的心情并不差。其实我也想尽可能延长待在俱乐部的时间，因为赛季初脚趾骨折缺席了不少比赛，现在是能否在俱乐部站稳脚跟的关键时期。直到客场踢完与门兴格拉德巴赫的比赛，12 月 21 日我才前往济州岛报到。

到了国家队后，我忙着到处“90 度鞠躬”。以前只是在电视上看到的南非世界杯 16 强主角们就在眼前，让我兴奋得晕头转向，甚至我在国家队的第一位室友竟是韩国足球的超级英雄朴智星大哥，这样的安排恍若梦境。想象一下，突然有一天你能和最喜欢的艺人同住一个房间，那绝对会是漫步云端的感觉。我小心地观察智星哥的一举一动，每天几点睡觉、几点起床、吃什么、休息时做什么，然后尽力去学习模仿。智星大哥给了我很多十分有用的建议和忠告，比如需要经常往返欧洲与韩国的海外球员该如何保持状态、在欧洲俱乐部该如何竞争，等等。还有他每天睡觉前说的“你是韩国足球的未来”那句话，真的给予我莫大的力量。范尼斯特鲁伊也成了我们的谈资。我告诉他，范尼曾跟我说，“Ji（智星前辈的昵称）回国打国家队比赛，来回坐二十多个小时的飞机肯定很累，但回到英国第二天照样疯跑”。虽然智星哥很是平易近人，但毕竟名气过大，我实在不好意思如我所愿一天到晚死缠着他。事实上一开始我对他过于敬畏，甚至不敢待在自己房间里，而是到年龄差距比较小的前辈们的房间或理疗室打发时间，临睡前才悄悄地返回房间。影响了超级巨星休息，那可是大事!

在济州岛没待几天，国家队就动身前往阿联酋做亚洲杯之前的最后备战。集训期间和叙利亚队进行的热身赛，也是我的国际 A 级比赛处子秀。中场休息时我替换（金）甫炅哥出场，踢了下半场的 45 分钟。由于亚洲杯马上要开赛，两队都意在调整状态。韩国队 1 ：0 获胜，进球的是比我大一岁，也是在国际 A 级比赛首次登场的（池）东沅哥。

亚洲杯 C 组第一场比赛对阵巴林队，有好消息也有坏消息。好消息是（具）滋哲哥上下半场连入两球让我们 2 ：0 领先，而我在下半场第 22 分钟时替换（池）东沅哥上场。坏消息是下半场第 37 分钟我又被换下场，因为中后卫（郭）泰辉哥在禁区内犯规，不仅红牌被罚下场还被判了点球。教练组为了保住 2 ：1 领先的局面，不得不牺牲一个攻击手，那就是我。球员都想踢满全场，更何况替补出场身子还没热又要被换下场，别提有多难受。回到酒店，哥哥适时打来电话宽慰。哥哥也是球员，很理解我当时的心情。

小组赛第二场 1 ∶ 1 战平澳大利亚队之后，我们的最后一个对手是印度队。因为澳大利亚队曾 4 ∶ 0 大胜印度队，我们要想以小组第一晋级八强，需要更多的进球。上半场我们 3 ∶ 1 领先，为了加强进攻，中场休息时我替换（奇）诚庸哥上场。我们整场几乎都在围攻印度队球门，但对方守门员门神附体，不可思议的屡屡封住必进之球，搞得我们心急如焚。下半场第 36 分钟，（具）滋哲哥的直塞球传过来，这个机会绝对不能浪费，我瞄准近门柱和守门员之间的空隙左脚大力抽射，球精准地从脑海里设想的位置飞入球门。那是韩国队本场比赛的第 4 个进球，也是我国家队生涯的首粒进球。进球后我用了双手比心的庆祝动作，因为那天是哥哥的生日。那场比赛穿过的球衣，我至今还珍藏着。

由于净胜球少一个，我们以 C 组第二名出线，八强战遭遇 D 组第一名伊朗队，这也是韩国队和伊朗队连续 5 次在亚洲杯八强战中遭遇。经过加时赛苦战，我们凭借（尹）比加兰哥价值千金的进球晋级半决赛。半决赛更不轻松，是韩日之战。韩国球员从小就被教育对日本人哪怕玩石头剪刀布也不能输，作为胸前佩戴太极旗的国家队球员更不消说。这是一场必须取胜的比赛。

日本队还是以传控为主的打法，说实话踢得比我预计的还要好。在双方 1 ∶ 1 陷入僵局的下半场第 37 分钟，我替换（李）青龙哥上场。为了取胜，我想倾尽全力。但加时赛上半场日本队反超比分，取胜的希望骤变为绝望。日本队为了守住比分，放弃进攻全员投入防守，我们在密集防守中很难找到射门的机会。

加时赛下半场马上就要结束，但我还是不甘心输给日本队。果然在最后一次进攻时，我们戏剧性地把比分扳为 2 ∶ 2。我的射门被挡出后，

（黄）载元哥补射成功。因为加时赛上半场载元哥的犯规送给日本点球，他的这粒赎罪球更让全队开心。比赛被拖入点球大战，从死亡线上复活的全队信心高涨。教练组安排了主罚顺序，我排在第四位。点球大战在紧张的氛围中开始，却以我们连续踢飞前三个点球虚无的结束。我连踢点球的机会都没有，就不得不接受失败。泪水哗地流了出来——从小或是不如意或是输掉觉得绝对能拿下的比赛，眼泪就会不由自主地流出来。从比赛开始到结束，我一秒钟也没有想过会输给日本队。因为受挫于决赛门口的不甘心，更是因为输给坚信能拿下的日本队，又因为没脸面对支持我的家人，泪水就这样止不住地流下来。

三四名比赛我们 3 ： 2 战胜乌兹别克斯坦队，拿到了下届亚洲杯的直通门票，也为朴智星和李荣杓两位前辈的国家队生涯画下了相对圆满的句号。永记于心的、与韩国足坛英雄们一起征战的第一个大赛，就这样结束了。

10

4 公 斤

SON

7

2011 亚洲杯结束后，我决定先随队回趟韩国。在飞机上满脑子都是亲人和家里的饭菜，全然没料到在仁川国际机场会受到隆重的欢迎。我长这么大还没见过那么多记者和球迷，因为心里还在为未能夺冠愧疚，热情的礼遇让我诚惶诚恐。面对枪林般的话筒，虽然我接受了采访，但并不清楚自己在说什么。在场外成为关注焦点关注，这还是第一次。

在首尔的姨妈家里待了不到 24 小时，连春川老家都没去，我就和父亲坐上了前往德国的飞机。父亲的脸色不大好看，说我太心浮气躁，必须赶紧回去。父亲训斥说，不能因为参加亚洲杯和国家队的前辈们混了个脸熟、国内球迷的反响热烈、在汉堡队的情况有所好转，就忘乎所以地放纵自己。他告诫我“别太飘了，要以谦逊的态度在新的起点重新开始”。这番忠告如同当头一棒，比荆条鞭挞还要严厉。由于我也有一些感触，于是准备好好将父亲的话铭记在心。

不过，麻烦还是出现了。虽然我的内心听取了父亲的教诲，行动上却阳奉阴违。亚洲杯结束后不久，又被国家队征召去土耳其打国际A级赛事（2月10日），加上原定2月6日和圣保利队的德甲联赛因暴雨推迟，直到2月19日我才回到汉堡参加球队训练。训练前站在体重秤上，我简直不敢相信自己的眼睛。比起去年12月回国备战亚洲杯之前，我的体重竟然暴涨了4公斤。父亲那句“心浮气躁”的忠告，竟然一语成谶。

在一个多月的国家队集训期间，我完全没有控制住体重。那段时间我吃得太多了。国家队的饭菜以美味可口著称，而且一日三餐丰盛无比。对于在德国吃不上正宗韩餐的我来说，宛若身处天堂。加上那会儿正是饭量大的年纪，结束晚间比赛回到宿舍后，我又抵挡不住夜宵的诱惑。由于整个赛事期间我的出场时间并不多，导致热量在体内层层叠叠的堆积。当时就应该减少摄入量，或是通过加练来管理体重，但那时青涩的我显然不够明智，没能有效控制体重。看到体重秤上的数字，我只觉得如雷轰顶。周围所有人都严肃看待这场体重风波，父亲闻讯更是火冒三丈。他平时对我再三强调：“不要因情况好转就摆谱、傲慢、放肆，也不要因情况变糟就气馁、畏首畏尾，要始终如一地坚守自己的原则。”而仅仅一个月，我就没坚持住原则，让父亲的苦口婆心付之东流。

雪上加霜的是，在我缺席期间，汉堡队在热身赛和德甲联赛中以4胜1负的战绩迎来反弹。当时还年少的我看到自己缺席的时候球队表现出色就会有点发怵。是不是没有我也无所谓啊？竞争者表现好，我的饭碗岂不要被夺走？体重暴增，球队成绩不错，我能挤进去的出场空间变得比以往更加狭窄。

球队在德比战意外输给圣保利队，又赶上赛程密集，我得以在联赛第23轮对阵云达不来梅队的比赛中首发出场。比赛前一天，教练组提醒我会首发，让我调整好身体状态。因亚洲杯缺阵一个多月以来首次上场，我心情大好，放下心来暗暗思忖，“我还是有价值的”。随着心情转好，我拿起手机和关系不错的国家队前辈们聊天，告知他们我要首发的消息。又在当时玩得正起劲儿的推特上隐晦地剧透了自己会首发。看到自己的只言片语都被国内媒体拿来报道，是件蛮有趣的事情。对此父亲的看法却和我截然相反，之前他认为 SNS 有益于我缓解压力，一直没说什么，但这次却勃然大怒。在信奉“麦穗越饱满，越会往下垂”的父亲眼里，我的做法无异于“胡闹的屄样儿”，而我正是因为浮躁才这样胡闹。

总之，正如预告的那样，我在与云达不来梅队的比赛中首发出场，直到下半场第 83 分钟被替换下场。在场上一直觉得身体特别沉，很是力不从心。虽然球队 4 ： 0 大胜，但我几乎毫无作为，盘带突破也和头脑中的设想相去甚远。替换我登场的阿尼斯 · 本 – 哈蒂拉（Anis Ben-Hatira）则出场仅 4 分钟就打入锁定胜局的一球，为球队立下了大功。

那天以后，我在队内位置竞争中落入下风。因为球队连续大比分输球，由其是以 0 ： 6 输给拜仁慕尼黑后，3 月中旬主教练阿明 · 费被迫下课，助理教练米歇尔 · 厄宁（Michael Oenning）接替了帅位。厄宁教练是力荐我进入一队的恩人，接手球队后，他再次给了我机会。不过我的状态并没有好转，赛季结束前出战的 6 场比赛里别说进球，连个助攻都没有。这段经历让我领悟到，身体处于失衡状态，内心再怎么想努力都无济于事。

身体沉重，比赛也不顺，2010/2011 赛季就这样落下帷幕。整个赛季我的个人数据是 14 次出场（8 次首发）和 3 粒进球，虽然谈不上让人满意，但好歹职业生涯处子秀就进了球，又入选国家队踢了亚洲杯，

2010/2011 赛季结束后
回到韩国
我和父亲投入到
残酷的魔鬼训练中

再考虑到在异国他乡两年多的辛苦，这样的成绩也算是小有所成，我觉得还算过得去。这时我归心似箭，想哥哥，想母亲做的饭，也想找踢亚洲杯时熟络的国家队大哥们散散心。

不过要想回国，先得说服父亲才行。因为赛季快结束时，父亲就宣称“太丢人了，我没脸回去”。亚洲杯之后失衡的状态和我的态度变化（沉迷于 SNS）彻底激怒了父亲。在父亲的怒火面前，我一点都不敢表示想回韩国的意思，战战兢兢地憋在心里，都快憋出病来了。

苦闷之余，我最终还是鼓起勇气向父亲苦苦央求。回韩国吧，拜托回去吧，回去后无论让我练什么都行，哪怕累死都行，什么话我都听，求求你了老爸……我实在是太想回韩国了，觉得回国才能找回原来的身心状态。在漫长的训诫和忠告，父亲勉强同意回国。终于能回韩国了！我感觉只要回到韩国我就能畅快地呼吸。

回国后我直奔春川，给国家队的哥哥和朋友们留言，约好过一阵再见面。当时还心想，父亲的训练不可能没完没了，回德国前自己应该能享受一段休闲时光。

这个想法太天真，第二天开始我就被折腾得死去活来。早晨 8 点吃过早饭，和父亲一起做力量训练，然后在后山高高的石阶上跑上跑下。这还仅仅是热身，到球场后，父亲拿出 20 个足球，让我变换位置射门。每天 1000 次射门，没错！是 1000 次，右脚 500 次，左脚 500 次。有些人说我的射门能力是天生的，绝对不是，我的射门能力是 2011 年夏天魔鬼特训的产物。

强烈的初夏阳光不知疲惫地炙烤着我的头顶，感觉快要升天了，流汗过多导致头昏脑涨，眼前也变得模糊。我为了补充糖分，把巧克力和香蕉硬塞进嘴里。但就算是站着不动，腿都在打颤，脑海里闪过“这样下去真可能会完蛋”的念头。

每天的射门训练一直持续到父亲满意为止，练得我嘴里从发甜到后来是发酸。在禁区前沿各个点不停地用右脚兜射用左脚兜射，只要稍有敷衍，父亲的呵斥声就会劈头盖脸地落下。在父亲眼里，我可不是什么德甲希望之星，而只是个需要好好管教的小毛孩。想起以前看过的《恐怖的外人球团》（译者注：韩国漫画家李贤世的棒球漫画作品，讲述一群被淘汰的棒球运动员通过魔鬼训练重获新生的故事），感觉现实比漫画更加魔幻更加恐怖，甚至觉得哪怕降到汉堡二队，再回到巴掌大的青训营宿舍也比这里强。

训练结束后回到家，吃过晚饭我倒头就睡，连拿起手机的力气都没了，电脑更是懒得碰，何况推特等 SNS 账号早在 4 月份被父亲狠狠训斥后就已经关闭。那段时间我断绝了和外界的所有联系，包括国家队哥哥们的红白喜事在内的所有活动也全都略过。他们会不会怪我傲慢无礼呢？这样的担忧只是一闪而过，转眼就睡死过去。第二天起床，魔鬼训练再度开始。我们就这样持续了整整 5 个星期，一天都没落下。是的，哪怕一天都没休息。

过程是痛苦的，结果是甜蜜的。5 个星期的训练犹如炼狱，但熬过来之后，身体轻盈的仿佛挥动翅膀的天使。长这么大，我还是第一次感受到自己的身体能有如此状态。

按照汉堡队赛季前的备战日程，我准时启程前往德国。父亲因为有事没有同行，我独自登上了飞机。降落在汉堡国际机场时，空气中熟悉的德国味道让我有了重返职业赛场的真切感受。虽然我在这里更多的是艰难辛酸的回忆，但也难免日久生情。

来到球队训练场，教练组和俱乐部工作人员见到我全是一个反应——

用惊诧的眼神打量我，异口同声地问“发生了什么事吗？”因为我的脸被春川的骄阳烤得黝黑发亮，身上的赘肉在魔鬼训练中消耗得一干二净。原来80公斤的体重减到73公斤，但肌肉量反倒增加了1.5%。我的身体状态堪称完美，马上开始新赛季都没问题。集训第一天，度过漫长假期的队友们全都吃力地喘着粗气，只有我面不改色地完成训练。跟父亲的训练强度相比，第一堂集训课也就是热身慢跑的水平。

曾经自我管理失败的雏鸟，经过艰难的蜕变，做好了职业球员进阶的准备。

父亲

我的故事 02

小时候我很怕父亲

因为不合他的心意没少挨训

又喊又骂的……

不过父亲的严厉要求

成就了现在的我

自我小时候父亲就代我吃苦受罪
能让我全身心专注于足球
父爱如山，感恩于心

11

过 山 车

SON

7

过山车有个不变的定律：爬升到最高点后肯定下滑，反过来跌到谷底后又转瞬间冲上云霄。我们的人生也像过山车一样有起有落，不可能尽是好事或是坏事，因此凡事都要设法往好处去想。

春川的魔鬼训练赐予了我最佳的身体状态，体重减轻肌肉增加，回到球场身轻如燕。不论训练还是练习赛，没有人能跟得上我的节奏。赛季前登场的 6 场比赛，我掀起了一波打进 15 球的进球狂潮，其中包括迎战德甲“班霸”拜仁慕尼黑队时的两球。包括教练组在内，全队都对我的表现大为震惊。过段时间后听说，上赛季结束后见我火急火燎地返回韩国，俱乐部几乎对我失去了信心。大家都认为这孩子没救了，体重飙升到那种程度，再去度个假回来，绝对不能恢复原形”，甚至已经把我归入“昙花一现的年轻球员”。所幸我脱胎换骨后强势回归，成了大家热议的焦点人物。当我稍微透露一些父亲的魔鬼训练内容，所有人都瞠目结舌啧啧称奇。教练组更是说："是你的父亲救了你。"我不会"昙花一现"，因为我不能就这样结束。

主教练厄宁，是在梯队时就看好我的伯乐。有一次他在餐厅当着所有球员训斥一名球员，"我把你带到这里，但你在辜负我们的期待"。然后突然指着我说，"你看看桑尼（译者注：孙兴慜英文名），他总是全力以赴，难道你连个小孩都不如吗？"他在众多一队球星前辈面前这么说，着实吓了我一跳。

凭借主教练的信任，我从新赛季开始就获得了出场机会。第 1 轮因发烧缺阵后，德甲联赛第 2 轮对阵柏林赫塔队，我打满全场并收获了一粒进球。第一次出场就打进赛季首球让我信心大增。第 4 轮的对手是科隆队——上赛季我打进职业生涯处子球的那支球队。比赛当天，我从早晨醒来就感觉身体很顺畅。被 1 ：2 反超以后，我在下半场第 14 分钟助攻斯洛博丹·拉伊科维奇扳平比分。再接再厉，3 分钟后我也打入一球。进球总会让人感觉兴奋刺激，若是我的进球能为球队建立领先，这种感觉则会加倍。

正当我信心百倍，感觉能量充满全身上下之际，下半场第 30 分钟，我却在争顶头球后落地时扭伤了脚踝。伤处出奇的疼，心里更是痛苦，哀叹自己怎么又遭受赛季就初就受伤的厄运。第二天去医院仔细检查，能看到脚踝外侧韧带有黑影。韧带撕裂，主治医生的诊断是 6 个星期后才能上场。

受伤还是很痛苦，但有一点我和上赛季不同，那就是对待伤病的心态。上赛季的受伤经验让我的内心更加强大，如父亲所言，我没有被挫折缚住手脚，咬紧牙关一心一意专注于治疗和康复。至诚则灵，仅仅两周之后我就能随队参加训练，超出常人的康复速度再次让大家震惊。

9 月中旬，在联赛第 6 轮对阵门兴格拉德巴赫队的下半场替补出场，宣告我成功复出。不过那时我并没有意识到这只是“过山车”赛季的开始，那场我们 0 ： 1 再次失利，前 6 轮 1 平 5 负的成绩惨不忍睹，积分榜上也跌至垫底。球队成绩不佳，让我超预期康复的高兴劲儿只持续了一两天。

第 6 轮结束后，俱乐部宣布主教练厄宁下课。和球队的节奏总是对不上茬儿，这让我很费解。赛季前以最佳状态回归，但没多久就扭伤脚踝；现在伤愈归队，伯乐却又离开。新来的主教练不了解过去，不可能知道我过往的努力，他还能给我机会吗？都说职业球员第二个赛季是一道坎，所以我抱着如履薄冰的心态，每天都为获得出场机会努力。但无论是球队的成绩，还是主力位置的竞争，都与我的希望背道而驰。

从赛季初开始，我就陷入悲喜交加中，脑子里一片混乱。在这种情况下，国家队时隔 8 个月再次召我入队，这个喜讯让我觉得 10 月份的国家队集训会是个“重生”的机会。10 月 7 日与波兰队的热身赛中，我在中场休息时替换李同国前辈上场，踢了下半场。2 ： 2 的平局不尽人意，但又要我们马上备战 4 天后更重要的与阿联酋队的比赛。因为我第一次经历世界杯亚洲区预选赛，心里满是要好好表现的想法。这场比赛，我在下半场第 27 分钟替补上场，踢了大概 18 分钟。终场时我们 2 ： 1 战胜阿联酋队，这样的结果让全队都很开心。而我在开心之余，还有些遗憾，我想踢更长时间。

第二天前往仁川国际机场的车上，父亲很生气。汉堡队内部复杂的情况引发的焦虑，与国家队出场时间不足的失望交织在一起，让父亲产生了很大的负面情绪。其实父亲一直反对我过早入选国家队，认为揠苗助长对我没有一点好处。到了机场，父亲面对韩国记者们毫无保留地吐

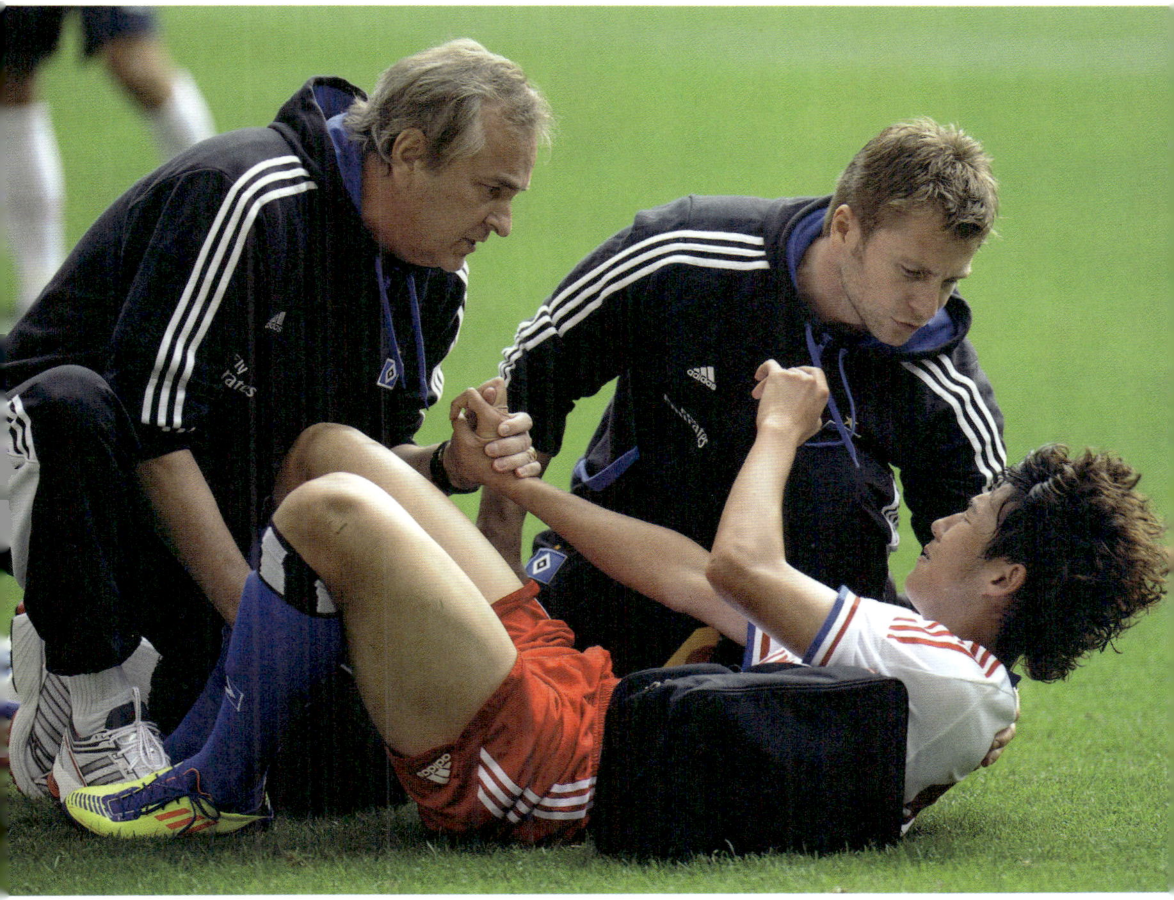

打进逆转球的比赛中

再次受伤

虽是厄运，但好在有上赛季的经历

没有气馁，专心康复

露了郁闷的心情："兴慜现在还没有达平国家队水平，而且在俱乐部也没有完全站稳脚跟，往返 30 多个小时的飞行很难让他保持良好状态。"当着记者们的面，父亲给国家队首席助理教练朴泰夏打电话："希望国家队征调球员时更加慎重一些，给年轻球员在俱乐部成长的时间。"父亲的做法让在场的我又吃惊又尴尬，恨不得找个地缝钻进去。

父亲的发言就像一颗威力巨大的炸弹，激起千层浪。每天都有数十篇指责父亲的报道发布，成百上千的跟帖几乎全是讥讽和谩骂。我下决心不去理会，但又鬼使神差地看着恶评陷入痛苦之中。人往往在自己遇事时还能咬牙挺过去，但家人遇到麻烦会更加难受。看到深爱的家人被视为"全民公敌"，实在倍感伤心。让我"全家改国籍"的恶评更是让我难过得差点儿掉眼泪。我在球鞋里都绣上了太极旗，人们为什么不理解呢?

看到事情的发展越来越偏离初衷，父亲也是满腹愁绪。尤其是车杜里前辈在 SNS 上撰写长文，以自己的亲身经历提出善意的忠告，让父亲认识到自己的莽撞。车杜里前辈一直待我如亲弟弟，曾在我第一次进入国家队不知所措时，主动过来用德语打招呼，帮我打破了陌生的尴尬。不过为了不影响我的情绪，父亲强装出若无其事的样子。父亲常说"上梁不正下梁歪"，在两个儿子面前他从未有过醉酒之类的失态行为，生活上就像苦行僧般严于律己。看着这样的父亲饱受自责折磨，我的心里很不是滋味。

国家队上上下下都在安慰我，同在欧洲踢球的具滋哲和奇诚庸两位哥哥婉言叫我不要太在意外界的反应。国家队主教练赵广来更是亲自打来电话，说天下父母都一样，他能理解父亲的心情。并说他对我期待很高，这个事情不会影响我入选国家队。10 月 27 日，国家队公布包括我在内的下一轮集训名单，这场风波最终偃旗息鼓。

不过我身边的风波一波未平一波又起。经过众多的传闻和猜测，最终托斯腾·芬克成为汉堡队新主教练。每次更换主教练，球队内部必定会发生很多变化。继任者在身边人的关注和期待中往往会不由自主地采取有别于前任的做法，球队内部主力和替补之间的竞争也会更加激烈。芬克主教练更看重老将的经验。需要老将带领球队尽早摆脱降级危机的情况下，他的选择无可厚非，但这进一步减少了我在一线队的立足机会。

让我郁闷的事情连续发生。和黎巴嫩队的客场比赛我们 1 ∶ 2 失利，国家队主教练赵广来被迫下课。那场比赛我首发出场，但几乎没有亮眼表现，中场休息便被替换下场。不但没能报答主教练的信任，反倒让其下课，让我产生了深深的负罪感。辞旧迎新迈入 2012 年，我在俱乐部和国家队的地位继续下降，第一期“崔康熙号”上并没有我的名字。

那时国内正为国家队“要以海外派还是国内派球员为主”的话题吵得如火如荼，虽然争论也涉及我，但说实话我当时已经自顾不暇。因为我在俱乐部完全沦为替补，最多在比赛最后阶段才能上场。10 分钟都踢不了的情况下，球员能做的事情真没多少。加上球队的成绩一直在降级区徘徊，俱乐部的氛围自然也十分低沉。

环顾周遭，尽是不如意，但我也只有咬牙坚持一条路可走。父亲不时提醒我要有坚强的毅志，“不惧挫折，保持 24 小时随时能上场的状态，这才是职业球员应有的态度”。我每天都给自己鼓劲儿，应该像成熟的职业球员那样保持冷静的态度。不过，因为得不到上场的机会，浑身泄气耷拉着脑袋回家的情况越来越多。

在这种情况下，意想不到的事发生了。3 月初在德甲第 24 轮与斯图加特队的比赛中，汉堡队主力前锋格雷罗在不可能得到球权的情况下背后飞踹对方门将乌尔赖希的小腿，不仅直接被罚下场，还被禁赛 8 场。因为他有过用矿泉水瓶砸球迷的“前科”，德国足协这一次做出了罕见的重罚。不久后，另一名主力前锋姆拉登·佩特里奇下赛季离队的传闻，也得到了俱乐部的官方确认。

第 31 轮对阵汉诺威队的比赛，我终于获得了首发的机会。距离上一次首发（2011 年 12 月 4 日），算起来已经足足过了 132 天。这时赛季还剩 4 场比赛，我们的积分离降级区只有 2 分。德甲历史上汉堡队从未降过级，但接二连三的噩耗让球迷们陷入恐慌。无论我还是球队，都已退无可退。比赛当天早晨，我和刚从韩国回来的父亲聊天，顺嘴说道：“老爸，我感觉特别好，应该能进球。”一个好不容易得到首发机会的替补球员，到底哪来的那种自信，到现在我也想不明白。

瑞典前锋马库斯·贝里（没想到会在俄罗斯世界杯和他交手）顶在中锋位置，我在他身后出任影锋。或许是过山车般的赛季锻炼了我的抗压能力吧，比赛开场哨响起的那一刻，我感觉特别放松。比赛在汉堡主场球迷近乎绝望的呐喊声中拉开帷幕。上半场第 12 分钟，我从左路一路杀到底线，带球感觉好极了，再从底线往回扣球。我看到球门另一侧的队友，也注意到对方球门的空当，于是果断起右脚直接射门，皮球细腻地蹭着草皮蹿向球门，球进了！赛季第 4 个进球！时隔 182 天我再次体验进球的快感，也向球迷做出了“我在这里，并没放弃”的回应。

终场前，我被托尔加伊·阿尔斯兰换下场。全场 5 万名观众起立高呼我的名字，报以雷鸣般的掌声。昨天我可能是替补席上无足轻重的普通球员，但那天我俨然是从降级危机中拯救汉堡队的超级英雄。那种感觉就像电流穿身，全身酥麻。这是我有生以来第一次体验到的陶醉感。一个星期后做客纽伦堡，也是凭借我的进球，球队 1 ∶ 1 战平对手。我们和降级区球队的积分差距拉大到 5 分，媒体和球迷奉我为“保级救世主”。

在悲喜交错的 2011/2012 赛季，最后的我还是笑了，我的家人也一样。

12

养　蜂　人

SON

7

偏见，存在于世界的每个角落。到欧洲踢球的亚洲球员，需要克服“从不会踢球的地方来的家伙”之类的偏见。而且按照欧洲人的标准，东亚球员相对内向，被有些人认为好欺负。这种偏见有别于种族歧视，或者可以说是欧洲足球的“自豪感”走入歧途的产物吧。我刚到德国时，也得与这种偏见进行抗争。队友不给我传球，也不跟我搭话。我不得不把球抢过来，我不得不主动用德语去和他们搭讪。想要破除这堵隔心墙，我不仅要在球场上证明自己的实力，还要在场下展现出“我在努力学习你们文化”的姿态。

即便升入一线队后，我也从未表露出畏怯退缩的样子。这对年轻球员来说很不容易，因为一线队不乏球星，体型大我两三倍的前辈比比皆是，他们可不会因你年纪小就让着你。资深门将弗兰克·罗斯特（Frank Rost）块头大得像泰坦巨人，对年轻球员简直是恐怖的存在，单是四目相对就会让人心生惧意。不过周围的人再可怕，到了场上也不能退缩，需要竞争的训练场上我从未输过他。在一线队，只能用实力说话，所以不管对手是谁，我从不退缩，必要的时候还会强势出击。在欧洲足坛这很正常，不管训练时争得多么激烈，一旦训练结束谁也不会还放在心上。能从小接触和学习到这样的职业态度，让我受益匪浅。

偶尔也有需要更加强硬的时候，比如遭遇所谓的“烂苹果”（译者注：Bad Apples，比喻危害整个团队的害群之马）时。这时候你必须强硬到底，要向对方明确表明自己的意志。2012/2013 赛季的季前备战期间，我曾和队友在训练中大打出手。那天训练开始前，拉伊科维奇就频频招惹我，因为不明就里，我起初只当是开玩笑。但到了训练场上，他的垃圾话没有任何收敛，搞得我也渐生怒火，终于到了爆发的临界点。看到拉伊科维奇扑过来，我也瞬间爆发，闪避的同时飞踹了一脚（相当于格斗技中的中段踢）。见我俩扭打在一起，旁边的队友围过来拉架。在这过程中，拉伊科维奇的拳头打到拉架的队友。我回过神来才发现，我的死党托尔加伊 · 阿尔斯兰（Tolgay Arslan）的额头已经流血。虽然被怒气冲昏头脑，但我的全身被队友们牢牢抱住，只得咽下这口恶气。在场所有人都知道谁在撩蜂拨刺。那天以后，拉伊科维奇就被下放到预备队。

迎来第三个赛季时，我在一线队牢牢占据了首发位置。上赛季末对阵汉诺威和纽伦堡队的两场连续进球起了决定性作用，主力前锋保罗 · 格雷罗和姆拉登 · 佩特里奇的离队也让我的队内地位得到提升。芬克主教练上个赛季曾让我心焦不已，现在则是完全站在我这边。不料“开局魔咒”再次笼罩球队，我在汉堡第三个赛季的开局阶段，球队状态还像前几个赛季一样差得离谱。从德国杯开始到联赛第 3 轮，我们连输 4 场。

我在首发阵容中占据一席之地的满足感由此荡然无存，感觉球队的状态低迷和我也有关系，心里很是窝火。

我们以三连败排在积分榜倒数第 2 名（比垫底的霍芬海姆少输了 3 个球），第 4 轮对手是尤尔根 · 克洛普（Jürgen Klopp）率领的卫冕冠军多特蒙德队。多特蒙德已经连续两个赛季蝉联德甲冠军，罗伯特 · 莱万多夫斯基（Robert Lewandowski）、马尔科 · 罗伊斯（Marco Reus）、马里奥 · 格策（Mario Götze）、伊万 · 佩里西奇（Ivan Perisic）、马茨 · 胡梅尔斯（Mats Hummels）等一众球星领衔的豪华阵容，正在冲击联赛三连冠。屋漏偏逢连夜雨，偏偏在球队低潮时迎来这样一支豪门劲旅。不过转念一想，这反而也是机会，反正已经没有退路，拼下强队更能一扫三连败的阴霾。尽管球队成绩不佳压力很大，主教练芬克还是一如既往地让我首发，而进球无疑是回报信任的最好方式。因为上一轮迎战法兰克福时打开了新赛季进球账户，我的自信心有了不少提升。比赛首发名单出炉，这赛季新加盟的阿尔焦姆斯 · 鲁德涅夫斯（Artjoms Rudnevs）出任单前锋，我和回归的“大牌”范德法特在他的身后提供支援。范德法特是汉堡俱乐部近 15 年最伟大及最具名气的球星，之前他从汉堡转会到皇马，后来又去英超豪门托特纳姆热刺效力，这个赛季重返汉堡。虽然我们一起配合没多久，但范德法特在训练和比赛中表现出的水平确实与众不同。尤其是我插上的时候，他恰到好处的传球简直是完美至极。

开场不到两分钟，范德法特就用顶级传中给我“喂饼”。那是一记我只需要用头一碰的“送货上门”型传中，而我的头皮球精准地穿过了门柱和守门员之间的空隙。用并不擅长的头球攻破多特蒙德队的大门，让我非常开心。之后双方各进一球，比分变成 2 ： 1。下半场第 14 分钟，我在中线附近截下皮球，不管三七二十一，带球向前加速冲刺。内切，晃开一人，又过掉一人，起左脚射门，皮球应声入网。欣喜若狂！因为起脚打门的地方，正是一年前我在春川烈日下一遍遍射门，练到头晕眼花的那个点。进球后我径直跑向场边与主教练芬克热情相拥，这应该算是相当不错的报恩谢礼吧！3 ：2 战胜多特蒙德队，我们的新赛季才真正开始。

到了 10 月份，俱乐部提议启动续约谈判。复杂的合同问题交给父亲处理，我心无旁骛地专注于训练。不过俱乐部的续约提议还是让我暗自开心，因为这是对我能力的认可。当时我的合同期限截至 2014 年，但俱乐部还是决定与 20 岁的已身为主力前锋的我提前续约。俱乐部此举更多是为将来的出售未雨绸缪，毕竟球员合同剩余时间越长，俱乐部能索要的价码也更高。

其实我在每场比赛都能上场的汉堡感觉很幸福。于我而言，无论何时何地，能否上场才是最重要的标准。足球运动员只有在场上才能感到幸福，才能实现自己的价值。如果上不了场，身处再大牌的豪门俱乐部也毫无意义。而且汉堡是培养我又给我提供机会的地方。能像现在这样每场比赛都能披挂登场，便是别无所求。我想为汉堡做出更大贡献。

不过我在汉堡的高光表现引来了不少欧洲豪门俱乐部关注，我一直向往的英超球队也实实在在地递来橄榄枝。我感觉很难拒绝诱惑，好在父亲比我清醒得多，我们很快明确了寻找下家的两个原则：首先是我能打得上比赛的俱乐部；其次是能参加欧冠联赛之类大型赛事的俱乐部。年薪倒是无所谓，赚钱一直不是我的目的，那只是对我表现的褒奖而已。如果汉堡能获得欧冠或欧联杯的入场券，我还是倾向于留在汉堡。与汉堡续约或转会其他俱乐部的事宜全都交给父亲，我把精力全部投入在球

我用两粒进球和热情拥抱
回报芬克主教练的信任

场上。

场外续约谈判正在进行的时候，我在场上的状态也十分火热。和担心降级的上赛季不同，汉堡队加入了欧战赛事入场券的激烈争夺中。德甲联赛前 4 名参加欧洲冠军联赛，第 5 和第 6 名去打欧联杯。

2 月 9 日，我们迎来了本赛季与多特蒙德队的第二次交手。因为一直出场，我保持着良好的状态。比赛开局阶段的倒钩射门被对方门将扑出，又在小禁区左侧射门击中门柱，我感觉自己离进球的瞬间越来越近。在 1 ：1 的僵局下，我几乎复制首回合的进球，帮汉堡反超比分。此后两队展开激战，各有一人被罚下场。比赛尾声，我完成了梅开二度，成为这场 4 ：1 大胜对手的头号功臣。

面对卫冕冠军主客两场比赛打进 4 球，德国媒体兴奋地对我大书特书，就连欧洲最大电视台之一的德国国有广播电视台 ZDF 也邀请我参加访谈节目。客场 1 ：5 大比分输给汉诺威队（2 月 23 日）的比赛后，我搭乘电视台的专机来到演播室。因为刚刚大比分输球，我本来就挺郁闷，主持人又提出一连串顽皮的问题，搞得我有些闹心。其实这恰恰说明足球在德国已成为人们日常生活的一部分，人们聊足球更像拉家常，而不是为一场比赛的输赢大喜大悲，这样的社会氛围着实令人羡慕。

加上 5 月 11 日同霍芬海姆的比赛中贡献的一粒进球和一次助攻，我最终交出了单赛季 12 球 2 助攻的成绩单。能成为继伟大的 Cha Boom（车范根）之后，首个在德甲单赛季进球达到两位数的韩国球员，让我感到心满意足。整个赛季 34 轮联赛我出场 33 次，其中 31 次首发，由于出场时间急剧增加，赛季末段我甚至感觉有点儿力不从心。

随着赛季的结束，我的去留问题也浮出水面。利物浦和托特纳姆热刺都提出难以拒绝的转会费，时任南安普顿主帅的毛里西奥 · 波切蒂诺

（Mauricio Pochettino）也抛来了橄榄枝。梦寐以求的英超联赛难以置信地真正摆在面前，让我拿捏不定。

经过深思熟虑，我最终决定选择勒沃库森队。首先，我在勒沃库森队能获得首发位置的可能性很大；其次，勒沃库森队以德甲季军的身份直接进军下赛季欧冠联赛；再次，我已经完全适应了德甲联赛，这有助于我更快成长。经过综合考虑，勒沃库森队是最佳选择，而且勒沃库森诚意满满，开出了创造当时队史转会费纪录的1000万欧元。虽然金额大小不与球员的实力成正比，但也反映出球队对我求贤若渴。我的人生中，也要奏响欧冠联赛主题曲了。Champion（冠军）！

13

欧冠联赛

SON

7

来到新东家后，有件事情让我感觉很不可思议——就是不论走到哪里，人们都知道车范根指导。通过互联网，我查到车指导在勒沃库森队的最后一次出场是1988/1989赛季。再好听的歌曲不到一年就被忘记，但30年前的球员仍然能被当地人记住，这让我很震惊。所以每当媒体拿我和车指导比较，真觉得愧不敢当。1988年欧洲联盟杯决赛，车指导在下半场第36分钟的头球帮助球队扳平比分，最终获得冠军，那也是勒沃库森迄今为止唯一的欧洲赛事冠军。

能加盟勒沃库森，让我有了很多新的企盼。球队具有冲击德甲冠军的实力，队里有上赛季的最佳射手斯特凡·基斯林等一众高手，和他们并肩作战，对提升我的球技有很大帮助。更重要的是能参加欧冠联赛，勒沃库森以上赛季德甲季军的身份已经拿到了欧冠的入场券。代表国家队的最高荣誉是参加世界杯，代表俱乐部所能登上的最高舞台就是欧冠联赛。参加欧冠联赛的球队和球员，无一不是最优秀的精英。能站在球场上聆听欧冠联赛主题曲，是全世界所有足球运动员的梦想，我也是从早之前就憧憬着这个舞台。

压力也很明显，勒沃库森为了引进我斥资1000万欧元，创下了队史转会费纪录。从汉堡队的新星一下子成为德甲强队身价最高的球员，我必须得拿出与这个身价匹配的出色表现。

不仅身价，我的年薪也有了大幅上涨，说实话我和父亲都没料到年薪会涨那么高。被贴上天价球员标签后，国内外各方的关注也增加了不少。随着我的收入暴涨，受到的关注骤增，父亲的担忧也是有增无减。确定转会勒沃库森俱乐部后，父亲经常不厌其烦地提醒我“要谦逊”，告诫我“不要在成功的温柔乡里迷失了前进的道路”。

当初抓住前往欧洲研修的机会时，在汉堡俱乐部签下第一份职业合同时，第一次入选韩国国家队时，听得我耳朵都起茧子的词汇就是“谦逊”。父亲一直强调的“抬高对方，放低自己”成了我的人生信条，到现在我也一直努力去践行。金钱更不是问题，在我的足球道路上，金钱任何时候都不是首要目标，账户余额上再多的数字也只是浮云。选择勒沃库森的理由很简单，就是能和更优秀的队友们一起享受我最热爱的足球。

到俱乐部签合同的那天起，我就感受到了勒沃库森同事们的热情。当天我本打算签完合同就回家，结果遇到了本德。这位德国国家队的中场见到我兴奋异常，不由分说就拽着我来到更衣室。正准备参加训练的新队友们纷纷热情相迎，本德还故意大声说：“快点换衣服，得去训练了”引发队友哄堂大笑。中后卫菲利普·沃尔沙伊德也很开心，上赛季最后一轮联赛结束后，他曾对我说：“准备转会去哪儿啊？来勒沃库森

终于站在梦寐以求的欧冠联赛舞台
但感受到了难以逾越的现实的高墙

吧！”当时我做梦都没有想到，那句话竟然会成为现实。

2013/2014 赛季开始之前，德国媒体重点关注的是，我能不能填补转会到切尔西的安德烈·许尔勒的空缺。我在代表勒沃库森出场的第一场正式比赛——德国足协杯上，打进一球助攻一次，帮助球队 6 ∶ 1 大胜对手。接着在德甲首轮攻入制胜球，3 ∶ 1 战胜弗赖堡。两场比赛接连斩获进球，算是对外界的关注交上一份还不错的答卷。

德甲首轮结束后，来自各方的采访邀请蜂拥而至。俱乐部方面处理这类事情更有经验，工作人员善意地提醒我：“为了你自己，今明两天最好不要接受采访。”显然他们是担心过度的关注，会让只有 21 岁的球员受到负面影响，我也欣然接受了这个忠告。对我来讲，比起场外的东西，首先在勒沃库森队中站稳脚跟更加重要。

9 月初回韩国踢完国家队赛事，返回德国一周之后，欧冠联赛小组赛赛程正式开始。首场比赛就满足了我对欧冠的所有期待——客场对阵曼联！在欧冠这样的大舞台上，我的第一个对手竟然是曼联，而且还在老特拉福德球场！一想到这里，体内的肾上腺素就是一阵飙升。因为经常看朴智星大哥的比赛，老特拉福德球场大概是我在电视转播中看得最多的球场。比赛前一天适应场地时，第一次踏上老特拉福德的草坪，那种感觉就像到自己喜欢的电视剧拍摄现场游玩一样，既熟悉又神奇。眼前的球场、替补席、看台，全部和我在电视上看到的一模一样。比赛还没开始，我的足球感官已经得到了极大的满足。

赛前，两队球员在场上排成一列，欧冠联赛主题曲响彻球场。多么熟悉的旋律啊！只是因为喜欢足球，才缠着父亲帮自己走上足球之路的小毛孩，现在竟然能站在梦剧场聆听欧冠联赛主题曲。那一刻，我满脑子都觉得不可思议；那一天，绝对是我足球生涯中无法忘却的记忆之一。

比赛结果不尽如人意。下半场第 54 分钟，我助攻罗尔费斯 1 ∶ 1 扳平比分时，我们的感觉还不坏。但随着时间的推移，勒沃库森队的欧冠经验不足露了底。这也是豪门和强队的差距。范佩西为曼联进球再次超出比分后，鲁尼打进个人本场比赛的第二个进球，也是他在曼联的第 200 粒进球。最终我们在老特拉福德 2 ∶ 4 败下阵来，这让我无比深刻地感受到，欧冠确实比德甲高出一个级别。那一晚，梦想的实现和对现实的领悟轮番交替，深刻吾心。

德甲首轮进球后，我突然陷入了将近两个月的进球荒。有时候再怎么折腾，就是不进球，而一旦重新打开闸门，又能迎来各种神乎其神的进球。因为已经有过类似的经历，我尽量保持平常心，更加努力地融入新球队。但外界似乎比我自己还要操心，媒体用“低潮”“球荒”等词语来报道，看多了也难免有些在意。

这种情况下，11 月 9 日我在主场迎来了汉堡队。转会后第一次面对老东家，我自然成为比赛的焦点。而一直对我紧闭着的球门，在这场比赛中不可思议地敞开了，仅在上半场第 9 分钟和第 16 分钟我就连入两球。赛前我曾有过即使进球也要克制着不去庆祝的想法，但汉堡球迷的嘘声让这个念头无影无踪。下半场汉堡队顽强地把比分追成 2 ∶ 2，但第 55 分钟，我的第三个进球让拜耳竞技场再次沸腾起来。这不仅是我职业生涯的第一个帽子戏法，也是多年以来进军欧洲的韩国球员在这里上演的第一个帽子戏法，就连伟大的车指导，也未曾踏足过这一高地。再加上基斯林和卡斯特罗的进球，我们最终 5 ∶ 3 大胜汉堡队。我知道进球肯定会到来，但完全没有料到会以帽子戏法的方式终结进球荒，更没有想到老东家汉堡队居然会成为牺牲品。

2013/2014 赛季的下半程给了我痛苦但又宝贵的经验。从 2 月 12

日足协杯负于凯泽斯劳滕队开始，中途包括欧冠 1/8 决赛主客场连败于巴黎圣日耳曼，一直到 3 月 23 日输给霍芬海姆队，球队陷入了 9 场比赛 1 平 8 负的糟糕境地。这段期间我也是颗粒无收，没能帮到球队。未能回报在困境中依旧坚持让我首发的萨米 · 海皮亚主教练，让我的心情十分低落。

眼看欧冠资格线——联赛第 4 名的位置难保，主教练的位置首先变得岌岌可危。果不其然，离赛季结束还有一个月的时候，俱乐部做出了炒掉主教练的极端决定。一年前还被奉为欧洲最佳防反战术大师的主帅，一夜之间被赶下台。梯队主教练萨沙 · 莱万多夫斯基出任代理主教练，带队打完赛季剩余的比赛。换帅如换刀，受到巨大刺激的球员们在剩余的 5 场比赛取得 4 胜 1 平的成绩，最后一轮拿到了欧冠联赛的入场券。我也打进一球助攻两次，虽然表现不算抢眼，也算是护住了颜面。

赛季下半程我的竞技水平下降，最大原因在于体能跟不上。2013/2014 赛季我在俱乐部总共打了 43 场比赛，如果算上国家队的比赛，这个数字还要增加到 49 场。因为旅欧球员无法避免的舟车劳顿，再加上第一次在一个赛季出战接近 50 场比赛，确实有些力不从心。其中仅欧冠比赛就有 8 场之多，这是在汉堡队时压根儿没有经历过的赛程。参加欧战的球员，应当拥有由比赛、恢复、休息组成的自己独有的运动周期。但我和父亲都没有经历过，自然没有这方面的诀窍。虽然我也知道休息是训练的一部分，不敢掉以轻心，也心无旁骛地努力不让能量流失。但是不管怎么努力，没有实际经历过，体能和竞技状态同时下降——交学费也是理所当然的事情。

在勒沃库森的第一个赛季，我积累了非常宝贵的经验。如果没有这个赛季给我打上培养耐性的预防针，我应该不能在以魔鬼赛程著称的英超联赛活下来。也正是得益于在勒沃库森队时积累的经验，我才能成长为一个赛季能踢 66 场比赛的球员——2018/2019 赛季我在热刺踢了 48 场比赛，又在国家队出战了 18 场比赛。

14

球　迷

SON
7

每次进球我都会用手比画心形。2011 年亚洲杯对阵印度队时，打入国家队处子球后的庆祝动作也是“双手比心”。 随着外界对我的关注度与日俱增，很多媒体似乎开始好奇我比心的对象是谁。

一直以来，我的“心”都是飞向家人。之前说过，与印度一役的比心对象是我的哥哥，因为那天是他的生日。小时候进行艰苦训练时，哥哥一直陪在我身边；在德国思乡的时候，手机里哥哥的幽默是最大的慰藉。国家队打入处子球后的比心，就是对哥哥的感激之心。可能有人会觉得这个庆祝动作太肉麻，其实我从小就爱撒娇，只是随着年龄增长，越来越不好意思向家人表达感情。进球之后的比心，正是吐露真情的绝佳机会。

除了“双手比心”之外，还没想到其他的庆祝动作，一般也就是飞奔之后纵身跳起或滑跪。进球后的心情可以说是最为兴奋刺激的，常常是大脑一片空白，完全无暇思考该跑向哪里，做出什么样的庆祝动作。有时也会一下子做出好几个庆祝动作，说白了就是随性而为。看过我在2018/2019赛季欧冠8强战对阵曼城时进球后的表现，就会比较容易理解。当时我冲着转播摄像机大喊“你知道吗？我们会赢的！”不过我自己也不知道当时怎么会说出那样的话。其实，大部分庆祝动作都是即兴发挥。

前不久我的“球星粉”(柳)俊烈哥建议道：“你也设计一个专属的庆祝动作。”其实我也想有个像克里斯蒂亚诺·罗纳尔多或保罗·迪巴拉那样，一看就能让人联想到主人公的招牌式庆祝方式，不过现在还没想好该怎么做，试着去设计呢，又觉得“至于这么折腾吗”，就懒得动脑子了。看来在这方面，我没有多少天赋（译者注：2020年以后，孙兴慜还是设计出了自己专属的相机拍照式庆祝动作）。

我对自己的签名很满意，这可是绞尽脑汁设计出来的。在汉堡开始职业生涯时，还没有像样的签名。自从找我索要签名的球迷突然增多，觉得有必要为自己设计一款签名，于是就这么做了。用英文设计没有特别的理由，只是觉得毕竟是给德国球迷的，用英文更合适。缺点是签名比较长，球迷多的话需要花点时间。但是想到球迷为此等了好半天，我就不敢马虎，尽力为所有人都认真签名。

我的所有主场比赛，家人都会到现场。无论在汉堡、勒沃库森、热刺，我都会提前知道家人所在位置。比赛开始前和结束后，还有进球时，我会朝那个方向挥手或比心。

客场比赛，因为不太容易掌握准确位置，所以很难精准传达问候。事实上，在人潮中想要找个人比想象的还要难。在几万人的球场一下子就找到谁在看台上的哪个位置，那绝对是超出人类能力极限的事情。不

对于为了看到我

远道而来且等待许久的球迷

常怀感恩之心

仅在球场，签名会或是很多人聚在我面前的其他活动也是一样。很多时候，朋友或熟人就在眼前，也常常认不出来。过后听到他们抱怨“你都没认出我”，会真心觉得对不住他们。

不过也偶尔有认出来的时候。最近（朴）叙俊哥为了拍摄写真集来到伦敦，顺便来看我的比赛。赛前只知道他在球员邀请席区域，进球后走回中线时扫了那边一眼，竟然立刻就认出他。我当时觉得好神奇，笑着朝他挥了挥手，然而叙俊哥却没有看我。所谓的人生不如意十之八九，说的就是这个吧！

除了家人以外，还有一个群体给我带来了巨大的力量——那就是球迷。坦白地讲，最让我震惊的事情，是听说如果我在周末比赛中进球，球迷们周一会特别高兴，在早高峰地铁上看着我的进球视频就很爽，在学校和职场也在热议。第一次听说时，我激动得全身震颤。就在写下这话的现在，也还是一样。

我认为，让别人幸福是一个人所能做到的最美好的成就。见证2002年的世界杯四强神话，我曾感到无比幸福；目睹朴智星大哥在欧冠决赛出场，我也曾感到心跳加速。现在我竟然也能给别人带来这样的体验，让他人因为我感到幸福——这种开心的感觉很难用语言来描述。

我对球迷一直抱着感恩之心。可能大家不相信，这也是在不苟言笑的父亲教导下铸就的心境。父亲经常教诲说：“球迷这样喜欢你，也就是在你做现役球员时的这段时间，退役后就没有人再来找你。被关注的时候要有感恩之心，不管是签名还是拍照，都要尽量用心。”

每次回到韩国参加国家队集训时，我都能真切地感受到球迷们的厚爱。在国家队的公开训练、国际A级赛事和各种活动现场，我会收到很多球迷饱含心意的礼物。虽然想跟所有送礼物的球迷一一打招呼道谢，但这终究不太现实，为此我深感遗憾。也有球迷无法亲手递来精心准备的礼物，只能朝我扔过来，这样捡回来的礼物也有不少。不管他们以什么样的方式交给我，我都会精心保管收藏，所有的球迷、所有的礼物对我来说都很珍贵。在那些琳琅满目的礼物中，不乏创意独特、让我忍俊不禁的东西。比如刻着我头像的手机壳、能闪出助威语的霓虹灯、绣着我模样的头枕等，每次看到这些都会感叹球迷们想象力的丰富，也因为感受到大家的厚爱而心情转好。对了，我曾经收到过一个巨大的抱枕，后来无意中发现，用手摩擦背面会出现我的头像。真想给这位送礼物的球迷颁个最佳创意奖。

在勒沃库森效力时的某个周日晚上，我刚打完欧冠联赛正准备回家，看到球场外足有一百多位球迷在等候，开车靠近才发现他们全是专门等我的韩国球迷。虽然他们当时看不到我，但一想到他们都是为了我不远万里飞到这个陌生的地方，又在深夜等这么长时间，我实在不忍心就这样离开。偏偏那时候还下起雨，想着应该先让他们避雨，就下车把他们领到球场附近的高架桥下面，那里又能避雨又比较安全。为了让所有人都能得到签名，我还指挥大家有秩序地排队。这就是在那个叫做勒沃库森的小城，在深夜的高架桥下面，意外举办“孙兴慜签名会”的故事。

关于粉丝，我还有一个原则——除非发生天灾地变，否则 100% 满足儿童和行动不便的球迷的要求。在访问一所韩国大学时，因为是非公开行程，没想太多就去了现场。没想到人潮瞬间把我们的车辆包围，困在车里寸步难行。父亲突然打开车门，招呼现场的工作人员：“麻烦把那边那个孩子，还有坐轮椅那位手里的东西递过来。”原来，有位坐轮椅的球迷和一位小孩被人潮挤到后面。工作人员穿过人群，接过他们手里的纸和足球。父亲把它们递给我说：“现在不能出去，但这两位的要求一定要满足，快签名吧。”还有一次，记不清是什么时候了，热刺队的比赛结束后，看台上有个外国小孩举着用韩文写的牌子“请给我球衣”。无须多言，他中奖了。

对拿着太极旗的球迷我也会另眼相待！自从成为职业球员以来，我在球场经常能看到为我加油助威的太极旗。除了真心感谢之外，没有其他言语能表达我的情感。也许是因为从小就独自在外国生活，太极旗对我来说很特别。都说海外旅行时，人们往往会成为看着国旗或本国企业的标志而自豪的爱国人士，我也是出国后才明白这一点。2014 年首次参加世界杯，赛前注目太极旗唱国歌，突然心潮澎湃得差点儿没忍住眼泪。

每次在欧洲赛场看到太极旗，内心都会变得炽热如火，感觉没有什么能比在场边为我飘舞的太极旗更漂亮。有一次赢得北伦敦德比战后，我还曾拿自己的球衣交换外国球迷手中的太极旗。2018/2019 赛季欧冠 8 强战次回合赛后，我又把球衣送给了挥舞太极旗的外国球迷。当时和他距离较远，我只能把球衣交给前排的球迷传递，但愿能顺利交到他的手上。

以上公开的攻略，就是攻陷我内心的全部要领。

谨供参考！

15

轻　狂

SON

7

2014 年巴西世界杯前夕，有媒体记者在采访时问：“你认为人生第一个世界杯会怎么样？”我回答：“其实我比任何人都更加好奇。”转会到勒沃库森队的 2013/2014 赛季，我实现了参加欧冠联赛登场的梦想。赛季结束，另一个梦想——世界杯近在眼前。难以置信！ 4 年前，我还一个人在汉堡俱乐部基地宿舍收看南非世界杯的转播。那时的我，正为升入一线队激动万分，世界杯——那可是遥不可及的梦想。我当时压根儿没想过自己能参加世界杯，更没想过能在 4 年后备战世界杯。不知道从何时开始，世界杯突然闯进了我的生活。

当时去参加世界杯的我，浑身上下就一个词——自信。我在人生地不熟的德国，从一无所有一步步成为职业球员；在德甲联赛进球；又登上欧冠舞台。从基础语法开始学习极其难学的德语，现在已经熟练到能出席正式新闻发布会。这样的成就没有一个是因为我的运气好，瞎猫碰上死耗子，全部都是用倾注心血和汗水的努力换来的结果。

所以我无所畏惧，世界杯是个了不起的舞台，但那又如何？像迄今为止所做的一样，只要尽全力冲击，踢世界杯也不在话下。2013/2014赛季的欧冠联赛，全部8场比赛我都是首发出场。不都说欧冠联赛在战术水平、技术素养上比世界杯更高吗？在那样的舞台上我都能纵横驰骋，那还怕什么？信心爆棚的我，在世界杯小组抽签结束后，甚至为没能和克里斯蒂亚诺·罗纳尔多的葡萄牙同组感到遗憾。

我对抽签结果感觉很好。我们全队在德甲第15轮去多特蒙德客场的大巴上，收看了小组抽签的直播。每当念到队友所属的国家名称时，车内一片悲喜交加。澳大利亚的罗比·克鲁斯，成为那天众人“羡慕”的焦点。澳大利亚队抽到B组，不仅遇上了上届世界杯的冠亚军西班牙和荷兰，还有智利这支南美劲旅。在这个荟萃了欧美豪强的死亡之组，澳大利亚绝无生还希望。决定澳大利亚队命运的瞬间，大巴里一阵哄堂大笑。大家纷纷拍着克鲁斯的肩膀，一边说“加油”“羡慕啊羡慕”，一边忍不住笑出声来。

反过来，那天大巴上最幸福的人就是我。韩国队以第三顺位进入比利时队和阿尔及利亚队所在的H组，当最后第四顺位的球队俄罗斯队被抽入该组时，我兴奋地大喊“我们肯定晋级16强！”队友们“喔喔”地起哄，笑我走了狗屎运。我们确实很走运，世界杯小组抽签将球队分为四档，每档抽出一支球队，凑成一个小组。韩国队所在的H组可以说是聚集了每档里最弱球队的天堂之组，国内媒体也认为这次是“历届最佳小组抽签”。开局确实十分美好。

韩国队在世界杯赛前的集训基地设在美国迈阿密，因为当地的气候与小组赛首战的所在城市相似，而且训练环境也很好。万事俱备，但天

人生的第一次世界杯
给了我刻骨铭心的
领悟和眼泪

公却不作美，训练前夕乌云密布、雷声阵阵，随即响起了刺耳的雷电预警声。有生以来第一次因为担心被雷劈而躲到室内，国家队领队许丁茂（译者注：曾任 2010 年世界杯韩国队主教练）也不禁惊叹："五十多年足球生涯中，无论当球员还是做教练，因为打雷不能训练，这还是第一次。"

结束了在迈阿密为期 10 天的集训，国家队进驻世界杯大本营——巴西伊瓜苏基地。正如大家所说，世界杯确实与众不同。32 支参赛球队，无论走到哪里都享受特级待遇。飞机抵达机场后，走出舱门就能在跑道上坐上国家队专用大巴车，无需经过航站楼便可直接前往驻地。大巴车前后都有警车护送，在驻地我们也受到了隆重的接待，切身感受到世界杯是投入大量人力、物力和财力的全球最高水平的足球赛事。

小组赛首战对阵俄罗斯队，在前往比赛地库亚巴市潘塔纳尔竞技场的大巴车上，我突然意识到自己很紧张。其实生平第一次参加世界杯的人如果不紧张，反而更不正常。到达赛场后踩在草地上开始热身，紧张感神奇般地消散。这也是我的习惯之一，重要赛事前会很紧张，直到比赛开始前一刻才会渐渐放松下来。

首战开局并不差，感觉我们准备的战术很奏效。上半场 45 分钟，我们占据了场上优势，在中场也打出了训练过的战术。不过我在上半场浪费了两次进球机会，一次是在最熟悉的区域得到了射门机会，可能是"能进球"的念头过于强烈，我发力过猛将球打飞；另一次是射门前一刹那皮球稍微弹起，我没有完全踢正部位。

中场休息时我一边调整呼吸，一边逼迫自己尽快忘掉失误。下半场第 23 分钟，(李)根镐哥先拔头筹。严格来讲，是对方守门员自摆乌龙，但不管怎样我们领先了对手。感觉一切在按照计划进行，松了一口气。

但世界杯果然还是不一样，我们领先的优势仅仅保持了 2 分钟，防守体系就瞬间崩溃，让亚历山大 · 科尔扎科夫抓住机会扳平比分。最终我们只能接受首战 1 ： 1 的平局，不过我们感觉这个结果还可以，甚至觉得开了个好头。

第二个对手阿尔及利亚队，早早被我们认定为全取 3 分的对象。虽说世界杯无弱旅，但客观上来说，阿尔及利亚队还是我们最有“胜算”的对手。我们不仅之前曾在世青赛上战胜过阿尔及利亚，而且在以往世界杯比赛中对阵非洲球队保持不败，这些给了我们必胜的信心。小组赛首战已经拿了 1 分，只要赢下这场比赛，我们就很有希望晋级 16 强。

自信心爆棚对我们并没有起到激励作用，反倒变质成为轻敌思想。上半场我们就净吞三蛋，根本就没有还手之力。中场休息坐在更衣室内，队友错愕地面面相觑，不敢相信上半场发生的事情。支离破碎的斗志在更衣室的空气中四处飘散，但我们必须得把它们重新拾起来。虽然搞砸了前 45 分钟，毕竟还有另一个 45 分钟。在走向赛场的球员通道上，我们互相鼓励，“下半场至少别再留下遗憾”。

下半场局面明显好转。第 5 分钟，我打进人生第一粒世界杯进球，感觉上天还没有完全抛弃我们。不过又一次失误让我们第 4 次丢球，尽管（具）滋哲哥之后为球队再扳一球，也未能改变 2 ： 4 惨败的结局。原以为全取 3 分的“阿尔及利亚美梦”，最终变成了噩梦。

听到终场哨声响起，我完全丢了魂，悔恨的泪水洒在球场上。很想把时间拉回到 90 分钟前，比赛一开始我们就应该像下半场那样去战斗。一切的准备和计划，瞬间化为乌有，我感到又窝囊又愤怒。

小组赛最后一轮，我们也没能战胜比利时队。尽管已经确定晋级的比利时队派上了大批板凳球员，上半场结束前还有一人在场被罚下，但我们在多一人的情况下，最终却以 0 ： 1 落败。进球的扬 · 费尔通亨和我一年后在伦敦成为了队友，真是世事难料。在史上最佳的天堂之组，我们却以 1 平 2 负的战绩排名垫底。所有人在漫长的赛季后都没有休息，马不停蹄地为了世界杯拼搏到现在，但如今我们只能凄惨地接受残酷的结果。

赛后看到取胜的阿尔及利亚队和比利时队球员与本国球迷一起庆祝，我更觉得无颜面对江东父老，有愧于不远万里来到巴西助威的红魔；有愧于深更半夜守在电视机前的国人，强烈的内疚让我久久无法抬起头来。

平时我所说的“国家荣誉感”是 100% 的真心话，我为太极徽章自豪，坚信代表祖国出战是人生至高无上的荣誉。将来无论我年纪多大，也不会主动脱下这身国家队战袍，因为我觉得国家队不是我能擅自做主离开的队伍。无论多么辛苦，国家队永远都是我心中的第一选择。能用我的进球、用国家队的胜利，让所有韩国球迷感到幸福，没有比这更有意义的事情了。但没有尽到这个责任，在国家与队之间的对决中败下阵来，让所有国人失望时，我的心被撕得粉碎。巴西世界杯的惨败，让我体验到了这样的心境。

我们为什么会在巴西失败？我认为相比技战术局面的原因，更重要的是心理准备不足。首先我自己就没有做好准备，认为只要有必胜的信心和无所畏惧的勇气，就能遇神杀神遇佛杀佛。回过头来看，这绝对是天真无知的错觉，是初生牛犊的轻狂。在世界杯舞台上，韩国队是不折不扣的弱旅，是同组所有对手眼中的“送分童子”。可以说只有超水平发挥，才有机会捍卫荣誉。

与俄罗斯、阿尔及利亚、比利时的球员们一一过招，最让我印象深刻、永生难忘的是他们的眼神。我自以为做足了准备，但对手的眼神简直像有一团烈火熊熊燃烧。在这之前，我从未在球场见过那样能要人命的眼神，那绝对是走向生死战场的军人般毅然决然的眼神。我们都以为“强大的精神力是韩国足球的传统”，但到了世界杯赛场才发现，那里聚集的 32 支国家队不仅有精神力，更是以出征战场的必胜决心紧紧地团结成一块块铁板。直到那时我才领悟到，为什么在合练时间不足的国家队出战的世界杯上，精彩的场面、经典的比赛却总是层出不穷。

在巴西，我们成为惨烈的牺牲品。

朋友

我的故事 03

我的哥哥是我最亲密的朋友
现在我俩也经常在网上一起玩游戏
从小到大
哥哥一直是我人生中不可或缺的朋友

因为从小在欧洲生活
场外的朋友并不多

不过我能和同伴们在场外亲密相处
一起踢球，愉快玩耍

AIA
7
SPURS

2

下 半 场

SON

7

16

位　　置

SON

7

每年都很期盼夏天。我一年的日程以 5 月备战、8 月赛季开幕、次年 5 月赛季结束的顺序，周而复始，年复一年。5 月赛季结束后到下个赛季备战期开始之前是我的假期，理论上是一个月多一点，但这期间还有国家队赛事和各种活动安排，真正属于自己的休息时间连两个星期都不到。这段休息时间，好比是让不停运转 10 个月的发动机，在因过热出现故障之前暂停熄火。

2014 年夏天，我没能享受这番“甜蜜的休息期”。说实话，何止是未能休息，当时简直是身体和灵魂被掏空一般，郁闷得要死。人生第一次世界杯之旅以眼泪落幕，过后一段时间，就连睡觉时也总是想起比赛场面。“那个球应该那样处理”“那时候要是不那样做或许更好”这样的懊悔让我每天在床上辗转反侧。

怀着沉重的心情回到韩国。抵达仁川机场后全队在记者们面前站成一排，很多小东西噼里啪啦地被扔到脚边。刚开始不知道是什么，仔细一看才发现是麦芽糖块。搞清它真正的喻意，花了不少时间，对当时年仅22岁的我来说，是个沉重的心理打击（译者注：扔麦芽糖块，意为“去死吧”的诅咒）。

在韩国逗留期间，接到了新主教练赴任勒沃库森的消息，是带领奥地利萨尔茨堡红牛队扶摇直上的施密特。主教练更替总会引发大大小小的变化，即使球队引进我时的身价再高，从制定战术到决定上场队员，都是主教练的权限。也就是说，所有球员都要重新开始竞争。

结束休假后回到欧洲，我按照勒沃库森赛季前日程球队会合，在奥地利的集训基地第一次见到了施密特主教练。归队第二天，勒沃库森和法甲豪门马赛队有场热身赛。因为球员们还没来得及适应新主教练的战术，加上大部分球员都有“假期综合征”，我们全程几乎被对方牵着走，上半场结束时我们就以0 ： 1落后。坐在替补席上看着沉闷的比赛，我顿觉胸口发堵。

下半场第24分钟，主教练让我上场扭转局面。比赛快结束时，我和对方球员发生了肢体冲突。在躲避谢鲁凶狠铲球的时候，我的鞋钉碰到了他的大腿。他以为我是故意踩踏，拽着我不依不饶。被冤枉的我也按捺不住脾气，伸手推开他。两队球员见状纷纷加入进来，冲突继续升级。包括我和谢鲁在内，共有4名球员领到黄牌，主裁判也匆匆结束了比赛。其实在有身体对抗的足球比赛中，发生冲突是难免的。不过球员们很忌讳这样的闹剧，主要是担心媒体夸大其词。打架、冲突、争吵从来都是吸引眼球的最好材料，而且哪怕是小事，经过媒体炒作也会变成大新闻。

勒沃库森队在备战期行将结束时访问韩国。在胸前广告赞助商LG

电子促成的韩国之旅中，我们要与首尔FC踢一场友谊赛。虽然时间不长，但我曾在首尔FC的梯队东北高中上过学，所以对这样的安排自然感觉很兴奋，准备给队友好好介绍韩国饮食和文化。

但是在抵达韩国之前，父亲接到了一家媒体的电话。对方以不公开我私生活照片(译者注：孙兴慜和韩国女团成员相约吃饭被拍到)为条件，提出了一些要求。眼里向来不容沙子的父亲自然断然拒绝，还质问对方：“我儿子难道是犯罪了吗？”所谓小鬼难缠，就在勒沃库森队飞抵韩国的那天，狗仔队公布了照片。这样的时机选择于我而言堪称灾难，铺天盖地的报道没有一篇和足球有关，全部围绕着我的私生活做文章。勒沃库森队逗留韩国的四天时间里，我一直如坐针毡，觉得给不远万里来到韩国的队友带来了麻烦。请他们品尝韩国饮食，度过愉快时光的计划，自然也成了泡影。虽然我很想躲在酒店房间里不出门，但又不得不参加各种活动，还得扮演主角，像是个内心滴着泪，还必须得逗笑观众的小丑。

回到德国后，我依旧不断成为花边新闻的主角。很多素未谋面、叫不上名字的媒体把网络上的信息东拼西凑，再加上各自的想象力，制造出大量与我有关的八卦新闻。在备战新赛季尚且精力不够的情况下，还要在意这些烂事，令我非常恼火。通过这件事，我们一家人也领教了媒体的阴暗面和负作用。此后除了新闻发布会外，我接受采访的次数急剧减少。

回到德国两周后，2014年仁川亚运会韩国男足最终名单公布。我很想参加仁川亚运会，一是韩国队主教练正是在世青赛上给予我机会的李光钟，二是如果拿到金牌，可以解决我服兵役的问题。韩国足协和勒沃库森队进行了长时间的协商，甚至提出在之后的国家队赛事中不再征调我的条件，但最终还是遭到俱乐部方面拒绝。主要是因为勒沃库森要在 8 月参加欧冠联赛附加赛，这场比赛对俱乐部十分关键。从门票销售、比赛奖金（欧足联每场比赛都给参赛队分配奖金）到赞助商，能否参加欧冠对俱乐部的财政收入有着巨大的影响。在这样的情况下，我也不能只顾自己的想法，非要参加国际足联没有硬性放人规定的亚运会。从巴西世界杯的痛苦经历开始，遭受各种八卦报道的折磨，再到被排除在仁川亚运会名单之外，短短两个月的时间，我却感觉像二十年那样漫长。

在郁闷的低谷期，陪伴我的是足球。我对足球的热爱，比大家想象的还要强烈。休息的时候，我最爱做的是观看足球视频。看其他球队和球员的视频，找出他们的优缺点来学习和反思；看自己的比赛视频时，我会脑补当时如果做出不同判断、采取不同的处理方式，会是什么样的情形。

在球场训练和比赛，更是我最幸福的时光。哪怕昨天输了球，哪怕被狗仔队的照片困扰，哪怕还有各种各样的荒唐事……只要穿上球鞋踏上球场，脑子里的所有杂念都会一并消失。我最喜欢的是足球，最擅长的也是足球。只要能踢球，我感觉每天都形同重生。就像电脑重新启动之后，运行速度会更快一样。

"今天要尽最大努力感受幸福"，这则父亲传授于我的理念也是守护我的原动力。如果因为忘不掉昨天的烦闷，或是担心明天而不能好好享受当下，生活就没有任何意义。今天不幸福的人，到了明天也一样不幸福。从汉堡青训时期开始，我就一直这样提醒自己。我在心里反复默念，现在的我很幸福，这不是所有人都能得到的机会，绝对不能错过这个机会，今天我的足球生活应该幸福快乐。

场下独处的时候，我也尽量去想足球，不给其他杂念渗透的机会。仁川亚运会名单公布两天后，我迎来了勒沃库森队 2014/2015 赛季的首

在哥本哈根我收获了欧冠联赛处子球
这粒进球还帮助球队在客场全取 3 分

场正式比赛。德国杯首轮，我们的对手是瓦德葛斯黑姆。主力射手基斯林“球品”大爆发，独中五元。因为还没有从征战世界杯后的疲劳中缓过来，我被教练组安排在下半场登场。就在上场的那一刻，让我郁闷不已的夏天飘然远去，我身处在新的起跑线上。比赛最后阶段，我用左脚凌空抽射收获了赛季第一粒进球。起点不错，是个愉快的开始。

4 天后，决定欧冠命运的附加赛首轮比赛在丹麦的哥本哈根进行。在 2 ： 2 的僵持局面下，我攻入了锁定胜局的第三球。队友绝妙的传球和我一锤定音的过程，堪称教科书级别。这是我在欧冠赛场的处子球，上赛季我虽然踢了 8 场欧冠比赛，却颗粒无收。这粒进球帮助球队在客场全取 3 分，对球队和我个人都有重大意义。一周后在主场进行的附加赛第二轮，我在开场一分钟后就先拔头筹，球队乘胜追击最终 4 ： 0 大胜哥本哈根队，从而以 7 ： 2 的总比分进军欧冠小组赛。

在德甲联赛首轮，我们以 2 ： 0 的比分干净利落地拿下了强敌多特蒙德。联赛第三轮对阵不莱梅队，我收获了新赛季联赛个人第一粒进球（赛季第 4 球）。高潮出现在欧冠联赛小组赛第四场，客场挑战泽尼特队的比赛中。下半场第 23 分钟，在定位球机会中我们打出了平时训练中演练过的战术，最后由我打破僵局。5 分钟后，我在禁区内接到基斯林的传球，用左脚完成了梅开二度。凭借这场 2 ： 1 的胜利，我们在 C 组以三连胜积 9 分的成绩一跃登上榜首，彻底摆脱了小组赛首轮输给摩纳哥的阴影。至此，在赛季的第 17 场比赛过后，我的个人进球就达到了两位数，也是我第一次在赛季前半程就攻入 10 个球。

随着我屡屡进球，踢出职业生涯中梦幻赛季开局，媒体针对我的报道迅速从八卦转向足球。那些曾经叫不上名字的媒体也逐渐从视野中消失，熟悉的体育媒体再次映入眼帘。是的，我应该出现的位置，不是媒体的八卦绯闻版块，而是属于这片绿茵场的专栏。

我想再次发自心底的感谢足球，它一直守护着我，为我指明生命的航向。这次，又是足球引导我回到了生活的正轨。

17

低　　谷

SON

7

俱乐部的赛事频繁，身为球员身体时常感觉疲劳。不过也有好处，即使输球，短则三天长则一周后，就能重新证明自己的实力。而国家队比赛周期长，很难有这样的机会。比如在世界杯赛上，稍有失误就得等待整整 4 年时间。从这个角度来讲，世界杯和亚洲杯周期相近，亚洲的国家队可以在亚洲杯挽回一些颜面，也算一桩幸事。

巴西世界杯失利 6 个月后，2015 年澳大利亚亚洲杯如期而至。我暗自下了决心，发誓这次一定要好好踢。因为巴西世界杯踢得太烂？还是因为首次参加的世界杯留下太多遗憾？或者因为被扔到脚下的麦芽糖？抑或为了承担一切责任下课的主教练？我也不太清楚。如果非要选一个，我想应该是为了挽回球迷的心。韩国队在巴西的糟糕表现令很多球迷失望透顶，我很想让他们重拾信心。我希望他们能笑着聊起国家队，希望国家队的佳绩能让更多孩子缠着父母学足球。对于熬夜为我们加油的所有国人，我很想给他们带来开心的消息。这个心愿，在澳大利亚一定要实现。

这届亚洲杯期间，我和（金）珍洙住在一起。说起来我俩很有缘分，在给我带来汉堡青训合同的 2009 年 U17 世界杯上，我们就并肩作战。那时珍洙虽然身材矮小，却戴着队长袖标，是带领全队冲锋陷阵的顶梁柱。珍洙在巴西世界杯后转会霍芬海姆队，我们得以在德甲舞台重聚。在亚洲杯前夕勒沃库森与霍芬海姆的客场比赛（我们 1 ： 0 赢了）结束后，我们交换了球衣。能在德甲遇见韩国队友，那心情绝对和平时不一样。

4 年前的亚洲杯，我和韩国足球的传奇前辈同处一室，收获了很多宝贵的建议。这次因为与珍洙住一起，享受到的是同龄人相处的松弛自然。而且我们同在左路一前一后，场外的紧密交流也能提高场内的默契和效率。

备战亚洲杯伊始，国家队就明确了“一定要夺冠”的目标。虽然球队对外一致表示“亚洲杯之旅会困难重重”，但所有人内心都坚定夺冠的信念。可世事难料，小组赛第一场对阵阿曼队，对手的一记凶狠铲抢，致使（李）青龙哥受伤离场。所幸我们守住了 1 ： 0 的胜果，甩掉了首场比赛的心理负担。

第二场与科威特队比赛前，伤病魔咒席卷而来。本以为问题不大的青龙哥被证实胫骨骨裂，不得已提前回国。同样在与阿曼一战中受伤的（金）昌洙哥虽然不用回国，但也需要一段时间恢复。雪上加霜的是，我和（具）滋哲哥、（金）镇铉哥同时患上重感冒，连训练都无法参加。刚打完一场比赛，我们就失去了前锋线上的王牌，还有 4 个人连第二场比赛的大名单都不能进，当时我们可谓遭遇了前所未有的困境。

在缺兵少将的被动局势下，我们还是 1 ：0 拿下对手，率先锁定了八强席位。小组赛最后一场我们又以 1 ：0 战胜东道主澳大利亚队，成为名副其实的夺冠热门，同时也把东道主和日本队赶到了淘汰赛另一个半区。

然而后面的事情并不是一帆风顺。八强赛的对手乌兹别克斯坦队很难缠，势均力敌的比赛拖到加时。加时赛上半场快结束时，（金）珍洙在对方禁区线附近断球后下底。得益于平日的默契，（金）珍洙的传中已经为我摆好了宴席，我只需张嘴吃掉这口现成饭即可。

好运并未就此结束。加时赛下半场尾声，车杜里前辈一路狂奔带球推进后，给我送出无可挑剔的直塞球。谢谢了，那就再来一个吧。射门，球应声入网！可我却倒下了，小腿肌肉撕裂般疼痛难忍。推开扑在身上的车杜里前辈，我痛苦地喊道："抽筋了，抽筋了！"直到终场哨吹响，队友累得都站不直身子，但重要的是我们的心情像墨尔本夜空中的繁星一样美。

半决赛我们 2 ：0 战胜伊拉克队，成功晋级。赛后有人告诉我，这是韩国队时隔 27 年再度打进亚洲杯决赛。尽管决赛对手是东道主澳大利亚队，我们也觉得无所谓。因为从小组赛到决赛，五战全胜不失一球，我们的表现实在太"完美"了——决赛在 7.6 万名现场观众的注视下开始，我们仍然占据着场上优势。感觉和进球的距离逐步拉近，只要再加把劲儿，就能进球！

足球果然还是圆的。上半场快结束时，澳大利亚队抓住罕见的机会率先得分。那种情况下的射门，进球概率能有多少？只有天知道。伴随着焦躁和自信的矛盾情绪，时间流逝得特别快，眼看下半场 45 分钟也要接近尾声。因为从未想过输球，眼前的一切感觉并不真实。直到进入

踢完国家队的最后一场比赛后
车杜里前辈紧紧拥抱我
但内疚和遗憾让我抬不起头

补时阶段，这种恍惚感才消失不见我们重新回归到原本设想的现实当中。我接过（奇）诚庸哥的回敲球往禁区里突破，抢在上来堵截的守门员和左右围过来的后卫之前，虔诚地用左脚抽射。足球女神给了我们一个香吻，戏剧性的进球，让我们死里逃生扳平比分！我发疯似的狂奔，一头扎进了场边红魔球迷们的怀里。

可惜美好的时刻只延续了 15 分钟。加时赛上半场尾声，（金）珍洙和尤里奇在我方禁区附近陷入纠缠。我觉得自己应该上去帮忙，没想到夹在我和（金）珍洙之间的尤里奇竟然奇迹般地完成了摆脱，突入禁区后传中，詹姆斯·特洛伊西打进制胜球。1 ： 2 落败，亚洲杯无情地甩开了我们奋力伸出的手。

我们的想当然并没有变成现实。当然，回想起 6 个月前巴西世界杯经历的伤痛，亚洲杯亚军已算很大的慰藉。据说我在决赛的进球，是韩国队在亚洲杯史上的第 100 粒进球，也是继 1972 年朴利天前辈之后，时隔 43 年再度于亚洲杯决赛中打入进球。赛后，施蒂利克主教练说："虽然没有拿到冠军奖杯，但我们的表现配得上冠军。"回国时，我们在仁川机场受到了隆重欢迎，媒体也是一片叫好。其实我们能找出很多理由，大赛伊始就折损两员大将（李青龙、具滋哲），其他球员也是饱受大小伤病的折磨，就像我忍着脚踝疼痛打完了全程。但即便理由再多，也无法改变我们未能夺冠的事实。错过了绝好的夺冠机会，我的心头又多了一道伤疤。未能让车杜里前辈在退役前的最后一届大赛笑到最后，未能在最后关头帮到一路发挥最出色的（金）珍洙。看着他俩耷拉下来的肩膀，我陷入了深深的自责中。因为尽了全力，谈不上后悔，但遗憾却比以往任何时候都要强烈。

回到勒沃库森后的第二场比赛，同样的遗憾再次出现。德甲联赛第

21 轮对阵沃尔夫斯堡，我虽然上演了帽子戏法，但不得不接受 4 ：5 失利的现实。个人数据再出彩，球队输球就是竹篮打水一场空。职业生涯第二个帽子戏法会深深留在我的记忆中吗？不会。没有人愿意记住在主场输球的比赛。哪怕我进了再多的球，终究还是输家。

下半赛季，糟心事有增无减，主要是莫名其妙的换人次数多了起来。施密特主教练多次在下半场开始不久把我换下，我的体能和状态明明都没问题，但上场时间却逐渐固定在 60 分钟。教练组对此没有任何解释，这让我在成为职业球员以后，首次产生了在队内得不到尊重的念头。

当小小的不满情绪渐渐累积的时候，媒体再次传出了我的转会传闻。实际上传闻也不是空穴来风，亚洲杯后利物浦和托特纳姆热刺又向我抛出了橄榄枝。两个队都很有诚意，表明了引进意愿和具体计划。热刺甚至表示："7 号球衣已经备好，人来就行。"其实热刺一直对我很感兴趣，在汉堡队出道时，热刺就开出了 1200 万欧元的转会费。不过那时父亲考虑到年少的我在热刺恐怕难有上场机会，便拒绝了热刺的邀请。如果从毛里西奥 · 波切蒂诺主教练的角度来说，这已是三顾茅庐。他在南安普顿的时候，还有刚刚就任热刺主教练时，都曾向我发出邀请，这已经是第三次。

赛季结束后，家庭会议再次召开。事实上，我内心已经更多倾向于转会。因为 2014/2015 赛季下半程多次莫名地被换下场，让我很是苦闷不解。在此般情形下，能有机会去梦寐以求的英超联赛，而且还是伦敦的豪门俱乐部，我没有理由拒绝。相比从汉堡转会勒沃库森，彼时的我已经成长了不少。虽然年纪还是不大，但赛场内外经历了太多事情，心理承受能力增强了很多。加上经过德甲联赛的摸爬滚打，有了在完全不同的环境下也能踢出来的信心。我们认真分析了转会两个队的优劣，最看重的两点是与球队打法是否合拍，以及能有多少上场机会。

最终我们的分析结论是，托特纳姆热刺比利物浦更适合我。这时2015/2016赛季开幕，我的赛季首秀果然还是在下半场第19分钟被换下，紧接着第二场比赛又是第一个被换下场。那一刻，我下定了转会的决心，是时候该换个环境了。

18

谈　　判

SON 7

球员转会和上班族跳槽差不多，都是为了换个工作环境。不一样的是，和所属球队合同还没有到期的球员，只能在特定时期内转会。而且涉及的买卖双方俱乐部和球员三方之间要达成协议。欧洲足球的转会窗口每年开启两次，每个国家的联赛转会时间略有差异。英超夏季转会窗口一般在赛季结束后的 6 月初开启，新赛季开始后的 8 月末关闭；赛季中的冬季转会窗口则一般 1 月初开启，1 月末关闭。

勒沃库森拒绝了我的转会申请，因为合同还剩下 3 年，显然俱乐部还不愿放我离去。不过，勒沃库森和我签署的合同中包含买断条款，即买方俱乐部的报价满足买断金额，勒沃库森就不能阻止球员转会。财大气粗的托特纳姆热刺足球俱乐部（以下简称“热刺”）一开始就满足了买断条款金额，但这却引发勒沃库森更加强烈的反对。后者的态度很明确：即使符合买断条件，还是得卖方俱乐部同意。欧洲俱乐部之间很少出现恶意触发买断条款的行为，因为大家毕竟都是抬头不见低头见的同行，所以多是以谈判解决问题。

其实仅是买断条款金额，就已是两年前勒沃库森投资额的两倍以上。但现在热刺主动要做这笔生意，并不着急的勒沃库森更是磨刀霍霍。勒沃库森是不是太过分了呢？一点也不。类似情形在欧洲足球的商战中很常见，毕竟涉及了高价交易。

两家俱乐部在幕后展开“拉锯战”的时候，我正在准备与拉齐奥的欧冠联赛附加赛。眼看转会窗口关闭时间临近，热刺拿出了终极“撒手锏”——俱乐部主席列维要亲自到德国了结谈判。列维主席是英超公认的转会谈判高手，也可以说是欧洲最精明的足球俱乐部主席。第一次见面时，他炯炯有神的眼睛就给我留下了很深的印象。看他随身携带的三部手机、笔记本电脑和 iPad，感觉更像是一位好莱坞电影里的华尔街基金经理。

一大早，列维主席乘坐专机抵达勒沃库森。在机场酒店的商务套房，他先和父亲见了面。而在酒店的会议室，勒沃库森的总经理沃勒尔和主管博尔特早已就座。顺便说一下，沃勒尔总经理是德国足坛著名的传奇射手、联邦德国队夺得 1990 年意大利世界杯冠军时的主力前锋。

转会终究是俱乐部之间的事情，谈判桌前只能坐下两家俱乐部的官方代表。列维主席向父亲阐述完谈判策略后，起身前往谈判会场。那天我原定和主教练施密特一起出席欧冠赛前新闻发布会，但因为还要等待谈判结果，便借故留在家中。

从上午开始的谈判，一直未能达成协议。哪怕列维主席提议“在买断条款金额上再加钱”，沃勒尔总经理还是坚称“买断条款不是绝对条件，孙兴慜是非卖品”。这和商场讲价差不多，买方想要尽量砍价，卖方则要尽量抬价。涉及的金额越大，“拉锯战”越发激烈。

事实上，着急的是和热刺。因为转会窗口马上就要关闭，留给我们的时间所剩无几。即使得到勒沃库森的同意，热刺和我还要完成体检、签约、国际足联转会管理系统注册、英超联赛事务局球员注册等一系列程序，方能完成转会。要在转会窗口关闭之前完成这些行政手续，今天必须获得勒沃库森的同意。同样对此心知肚明的勒沃库森丝毫不松口，搞得谈判进程举步维艰。

两家俱乐部的“讨价还价”一直持续到下午 4 点。列维主席说：“这是最后一次了，如果勒沃库森还不同意，只好当作这桩买卖没有发生过。”随后他再次进入谈判会场，而父亲只能在房间里焦急地等待。

半个多小时后，列维主席板着脸回到房间，宣告谈判破裂：“抱歉，没有谈成。”父亲大吃一惊，忙问：“沃勒尔总经理现在在哪？”列维回答：“走了。”父亲追出酒店，居然碰巧看到沃勒尔和博尔特要从对面的通道离开，连忙跑过去拦住他们。父亲说，当时他抓着沃勒尔总经理的袖子，气得浑身发抖。这让沃勒尔和博尔特颇感震惊，他们并没有料到球员方面的转会意愿竟如此强烈。

列维主席没有放过机会，当即提议：“完成转会要处理很多行政手续，我今天先带球员去伦敦。转会费的问题电话里细说，如果谈不妥，再把球员送回来。”沃勒尔总经理最终松了口，估计是他已经意识到强扭的瓜不甜。在球员离队意愿如此强烈的情况下，就算勉强留下来，对双方都没有好处。这些事情发生的时候，我独自在家紧张等待着结果。下午晚些时候，总算接到了消息。父亲说：“兴慜啊，现在带着护照马上来机场！”

当晚，我们和列维主席一起飞抵伦敦。在专机上，看着我们忧心忡忡的样子，列维主席露出意味深长地笑容：“放心，这时候手握球员的一方更有利。”降落在伦敦北部的卢顿机场后，我们避开外人的视线，快速换乘商务车驶向酒店。虽然我什么都没做，一整天只是在家中等待，但直到进入酒店房间的那一刻，紧绷着的神经才算松懈了下来。

第二天，列维主席和沃勒尔总经理完成了转会费谈判。与此同时，我坐车辗转伦敦市内的各个医院做体检。在A医院做A检查，到B医院做B检查……很不凑巧，那天塞车尤其严重，让我提前领教了伦敦“堵城”的威名。

天下没有不透风的墙，这话一点都不假。从那天起，德国和英国媒体就开始出现大量关于我转会热刺的报道，因为在转会窗口即将关闭之际，勒沃库森的球员出现在伦敦的医院。勒沃库森方面说我“无故缺席训练”引发了外界的误解，因为谈判还在进行中，沃勒尔总经理并没有告知球队我的行踪。不知事情原委的队友纷纷打电话、发短信过来，问我“现在在哪？”“为什么不来训练？”我不知该怎么回答，没敢草率回复。因为不管我怎么解释，都有可能原封不动地传到媒体那里。

（朴）智星哥也打来电话，当时我正在做心脏检查，身上贴着各种传感器。他问我是不是来伦敦了，我强烈否认了好几次。后来想想，当时那种态度其实更可疑。虽然不是有意欺瞒前辈，但还是抱歉对他撒了谎。转会市场里因为一句话让即将落地的转会告吹的情况很多，我不得不小心应对。就这样战战兢兢地在伦敦熬了两天，直到走完所有程序。

转会手续终于完成了。热刺向勒沃库森支付了2200万英镑（3000万欧元）的巨款，折合韩币约400亿元，据说这是热刺队史第三高价的引援。反观勒沃库森用队史最高身价买进的球员，仅用两年时间就收获了史上最高转会收入。

8 月 28 日，在热刺的训练中心和球队签署合同后，我正式成为热刺的一员。虽然还剩下获得英国内务部发放的劳工证这一最后手续，但由于转会费金额巨大，拿到劳工证只是时间问题。

俱乐部给了我印着“7 号孙兴慜”的球衣。7 号原来是边锋阿伦 · 列侬的号码，当时他已经确定离队，俱乐部痛快地为我送上了心仪的号码。刚拿到球衣的瞬间至今难忘，虽然我早知道热刺球衣是什么样子，但若是球衣背后清晰地印着自己的名字，意义便完全不同了。硕大的 7 号下端，印着小小的英超联赛狮子头标志。那个小小的标志，在我心目中的分量却很大。我轻轻抚摸了一下狮子头，那份手感同样记忆犹新。

接下来，就是配合拍摄热刺官方宣传视频。当时我还不熟悉英语，只好死记硬背下工作人员拟好的英语句子来回答。具体的内容记不太清了，大概是“I，am，hum，very happy，hum”，就这样勉强应付下来。随着俱乐部通过官网和各种社交媒体宣布我的转会，静音状态的手机开始抖动不停。

签约第二天，恰逢英超第四轮热刺在主场白鹿巷球场迎战埃弗顿的比赛。俱乐部提议让我到现场和主队球迷打招呼，我也想尽早目睹只在电视里见过的英超现场，便欣然同意。让我稍感意外的是，和大多位于郊区的德甲主场不同，白鹿巷球场坐落于繁华的闹市之中。

到了球场，我与很多俱乐部成员打过招呼，其中不乏看似俱乐部元老的前辈。比赛开始前，我穿着球衣走进场地，与主场球迷首次见面。3.6 万名观众的热情，通过眼睛、耳朵和每一寸肌肤切实地传达过来，令我心潮澎湃。从 2008 年 8 月高中一年级时告别故乡算起，整整 7 年过去了，我终于站在英超赛场上，接受来自英格兰球迷的掌声。

从德国汉堡到英国伦敦，一路上发生了很多事。既有开心的，也有伤心的。我一路追寻梦想向前奔跑，为了踢好我钟爱的足球，一刻不停地埋头苦练。如果最终能够换来这样的礼遇，那也是得偿所愿了。

19

伦敦日常 I

SON

7

除了春川，伦敦是我人生迄今为止居住时间最长的地方，2015 年到现在已生活了 7 年。也是我定居过的地方中最大的城市，与之前 16 万人口的勒沃库森不可同日而语。据 2017 年的统计数字，伦敦常住人口多达 880 万人。

先从足球说起吧。大家猜猜伦敦有几支职业足球队？以 2019/2020 赛季为准，英超就有 5 支伦敦球队（热刺、阿森纳、切尔西、水晶宫、西汉姆联）。沃特福德虽然行政区域上不属于伦敦，但训练场比热刺更接近伦敦市区。第二级别的英冠联赛，这里还有布伦特福德、富勒姆、米尔沃尔、女王公园巡游者 4 支球队。有一次，我在从韩国回来的飞机上俯瞰伦敦，目之所及之处都是小型足球场，觉得很神奇。大家飞越伦敦上空的时候，可以试着找一找有几个认识的球场，会非常有意思。

2019 年年初，我们一家人搬入伦敦的第三个家，就是在韩国 tvN

电视台制作的纪录片《Sonsational：缔造他的时刻》中出现的那个房子。搬到这里主要是考虑到我的便利，这个小区类似小镇，有各种便利生活设施。尤其是有个居民共用的活动中心，配套设施十分完备，里面有我需要的所有东西——从健身房、游泳馆，到休息室、按摩室、美发室、水吧、餐厅、会议室、迷你影院……应有尽有。住户提前预约后，就可以单独使用其中的任何设施。

这里的设施对我保持良好状态很有帮助。以前要想做个人训练或者身体按摩，要跑到很远的地方。大家也知道，伦敦是交通最拥堵的欧洲城市，几乎没有不堵车的时候，前面哪怕发生了一丁点儿的小事故，也要等交警过来处理疏通。所以我每次都很心疼那些浪费在路上的时间，而现在所有事情都可以在社区内解决，大大减少了无谓的消耗。

特别是比赛日的晚上，新家的便利效果十分明显。晚场的比赛10点左右结束，有人会以为，踢完激烈的比赛，球员体能消耗殆尽，回家倒头就睡。其实不然，很多运动员，特别是我，在比赛结束后很难进入睡眠状态。首先是因为空虚，在6万观众的欢呼声中激烈奔跑过后，回到家面对着寂静的房间，感觉很别扭。倒不是说我总想站在聚光灯下，可能是身处的环境落差太大造成的一种空落落的感觉吧。骤变的氛围，对我的身体也会产生影响。比赛中分泌过度的肾上腺素和肌肉燃烧的热量不会立刻消失，这些数值恢复到正常水平需要时间。在身体疲惫神志却很清醒时，想要入睡本就很难，再加上全身发热，我往往会在床上翻来覆去，折腾到凌晨三四点钟。

在新家，这个问题很容易解决。在游泳池的凉水中泡半小时，发热的身体会慢慢地冷却下来，再躺在床上就舒服多了。由于社区按摩设施十分齐全，请专家为我做肌肉调理也很方便。运动员的肌肉按摩和普通按摩不同，是一项需要耗时三小时的大工程。像圣诞节左右三天一赛的时候，肌肉每天都要接受调理。只有让身体保持最佳状态，才能防止受伤。

理论上说，职业足球运动员有很多自由支配的时间。早晨打卡训练，回到家大约是下午一两点钟，直到第二天上班前，球员可以随意安排——有家室的，可以选择和妻儿一起度过；精力旺盛的，也能尽情享受丰富多彩的奢华生活。消磨时间的方法不胜枚举，我的选择是宅在家中。主要是性格使然，我不喜欢往外跑，没事就喜欢宅在家里。因为爱吃米饭，好多人叫我“饭豆”；而天天宅在家里，又让我多了个“宅男”的绰号。现在能认出我的球迷太多了，不再方便随意逛街，但以前“无人问津”的时候，我的生活照样很“宅”。

在家里，无论是安静地躺在沙发上，还是看足球视频，或者玩游戏打发时间，都会让我很舒服。有时我也会下载韩国电影或电视剧，和家人一起观看。前不久我还和家人一起在小区的迷你影院观看喜剧片《极限职业》，尽情地乐了一回。

保持身体状态，最好的方法是休息。每次训练和比赛需要一个半到两个小时，职业特性要求球员们必须在短时间内倾尽体内积蓄的全部能量。也就是说，为了两个小时的消耗，要做 22 小时的能量储备。除了足球以外，要尽量减少因为其他事情消耗能量。从训练结束到家的那一刻起，我就开始为第二天的训练做准备。根据身体情况安排个人运动，做按摩，或者通过看电影或玩游戏来缓解心理压力。当然最重要的是充足的睡眠，每天深度睡眠的时间要保证在 8 个小时以上。如果睡眠得不到保证，我很难在英超生存下来。

赛季中，我的作息很简单。7 点半起床——因为爱睡懒觉，几乎天天都是被父亲叫醒的。接着简单吃一些早餐，通常是水果、蜂蜜、红参、半杯牛奶，只吃到没有饥饿的程度就好了。虽然训练一般是上午 10 点或 10 点半开始，我却总是 9 点之前开车到达训练场。要想在训练中展示最佳状态，之前还要做些准备。到了之后先量体重，然后在健身房做些简单的热身运动。

热刺球员基本保持每天一个半小时的训练，整个赛季大致相似。媒体和球迷们非常重视球队战术，实际上我们演练战术的时间并不多。与国家队不同，在俱乐部我们已经有成熟的“热刺体系”。最多在重大比赛前，组织队员观看剪辑好的比赛视频或复习定位球战术。英超球队，特别是参加欧战的球队的赛程往往非常紧密。赛季开始后，几乎每三天踢一场比赛，没有时间尝试或打造新战术，训练的内容主要是针对恢复疲劳和保持状态。当然，只有在训练中表现最好的球员，才能入选下一场的 11 人首发名单，所以训练绝对不能马虎。

训练结束后，我一般会在俱乐部基地吃午餐，偶尔也和队友们出去撮一顿。大部分球员都住在离训练场不远的地方，所以我们外出聚餐的范围也基本局限在伦敦北部，几乎不会去市中心一带。顺便说一句，我和本 · 戴维斯一起探过的华夫饼店真的很赞。午饭后回到家大概下午 2 点左右，舒舒服服地在沙发上躺一会，或者用那台摆在客厅全家人共用的电脑上网打发时间。在春川老家的哥哥如果还没睡，我俩还会一起联网在游戏里对抗敌军。无论以前还是现在，哥哥永远是我最亲密的战友！赛程紧张的时候，下午一般还要接受肌肉按摩——正如前文所讲，每次耗时 3 个小时左右。赛季中，每天下午的作息基本如此。

晚餐是父母准备的家常饭菜，都是很普通的韩式晚餐。因为小时候家境不好，加上父亲的营养哲学，我从小就没有吃过补品，到现在也依然保持着这种饮食习惯。最近成为运动员必需品的营养补充剂，我从来没吃过。就连有助于缓解疲劳的氨基酸，周围的人都推荐说好，但我就是不感兴趣。我吃的营养品，也就选些蜂蜜、红参和牛奶。吃饭时一家人会聊得很多，和父亲主要聊运动心得或足球新闻，母亲则给我讲周边发生的家长里短。可口的家常饭菜，伴随着家人的琐言碎语，于我的身心来说，就是最好的补品。

吃完晚饭，休息继续，有时我会在小区内散散步。小区的花园非常漂亮，也很有韵味，里面有个小长凳，下雨天在那里坐听雨滴声，心情会无比舒畅。没人打扰，也听不到汽车的噪音。就这样待到 9 点半到 10 点左右，再回家钻进被窝好好做个美梦。

从赛季备战期开始的 7 月，到赛季结束的次年 5 月，10 个多月里，我每天都保持相似的节奏。正因为我亲身经历过，所以很清楚这样生活 10 个月并不容易。其实何止不容易，是真的很难！不信可以试试：连续 10 个月每晚 10 点前睡觉；连续 10 个月不吃垃圾食品；连续 10 个月闲暇时间不外出；连续 10 个月保持平常心，做到快速消除自身压力。

联赛期间，我就是这样生活的。必须一直忍着，直到假期回到韩国，在和朋友们的玩耍中释放累积的压抑情绪。韩国的好友们大多只见过我休假期间的样子，并不相信我在赛季中如此严守清规戒律。我必须做到这一点，因为我不想满足于今天，我想明天做得更好。

我想在明天的训练中做得比今天更好；我想在下一场比赛中，继续为球队的胜利做出贡献；无论训练还是比赛，我都想成为最棒的那一个。只有这样，才能在英超立足，我才能不白白浪费站在欧冠舞台上的机会。

我很清楚，能驰骋绿茵场的现役时光很短暂。要想做到这一切，我必须付出足够大的“代价”，因为，世上没有免费的午餐。

20

蜜　　月

SON

7

得到国家队征召，永远是无上光荣的事情。尽管每次都要忍受往返二十多个小时长途飞行的折磨，但回国本身就是给自己充电重启的好机会。在欧洲踢球的韩国球员，任何人都会怀念故乡。见到家人和朋友、吃到韩国饭菜，都是让人很开心的事情。

加盟热刺的消息公布后，我又马不停蹄地回国参加 2018 俄罗斯世界杯亚洲区预选赛（对手是老挝和黎巴嫩）。那段时间事情特别多，我忙得晕头转向。早前因为两家俱乐部的“拉锯战”劳心废力，8 月底甚至为此经常失眠。最终确定转会热刺后，又要办理各种复杂的手续。在这期间，我还要应付来自各方的短信炸弹……等处理完所有事情，坐上回韩国的飞机，才好不容易松了一口气。我们常说“心力透支”，当时我就是那种状态。虽然感觉浑身乏力，但因为放下了心理负担，回国之后脚步也变得非常轻盈。特别是和老挝的比赛中，我上演帽子戏法，帮助韩国队 8 ： 0 大胜对手，给自己打了一针强心剂。

我兴高采烈地回到伦敦，征战英超，信心满满。当然也有压力和紧张感，毕竟这是我第一次转会到英国参加陌生的联赛。和初到德国时一样，首要任务是学习语言。那时我的英语水平很差，也怪我之前没有做好前往英超的准备，没有提前学习英语。所幸英语和德语有不少相似之处，尤其是很多词汇都相同。在勒沃库森时，和澳大利亚队友罗比 · 克鲁斯进行的英语对话也起到了很大的帮助。

新队友们也开始热情地教我英语。德勒 · 阿里到现在还时不时地帮我纠正发音，在场外与我亲密相处的本 · 戴维斯也帮了很大的忙。多亏了他们的照顾，我很快适应了英语环境，现在对英语的掌握已经算是大有进步，但很多时候还是听不懂。尤其几个英国人唠嗑，我在一旁常常听得一头雾水。苏格兰人的口音很重，更是让人挠头。不过现在我和大家处得很融洽，时不时还能跟口音重的同伴开几句玩笑。有一回，苏格兰队友刚开口说话，我便佯装起身离开。“孩子，怎么了，你要去哪？”“说方言就不跟你玩了，说‘普通话’！”

还依然记得第一次去热刺训练场。置身于欧洲顶级的训练场地，我一路都在感叹训练场的规模和设施，真是不得了。仅是天然草皮标准的足球场就有 15 个，人造草皮球场 1 个半，再加上那些室内足球场。一个俱乐部的训练场，竟然比韩国国家队的坡州训练基地大三倍，实在让人咂舌。

热刺一队平时在主建筑后面的场地训练，包括这块球场在内，共有 4 块天然草皮球场供一队训练专用。训练基地装饰并不华丽，但那些最尖端的室内设施，从健身房到游泳池，一直到体育科学专家及体育医疗专家的工作区域，应有尽有。不仅一队训练场，就连最低年龄级别的梯队所用球场都是顶级标准，一眼望去像是铺了层绿色地毯。看着这些设施，我不禁想起小时候踢球的光秃秃的泥土球场，又是羡慕感慨又是自惭形秽。

我还见到了维尔通亨和穆萨·登贝莱！一年前的巴西世界杯，我们还是代表各自国家出战的对手，当时谁也没有料到日后我们会成为并肩作战的战友。我打趣说："就是因为你们，我在巴西世界杯早早打包回家。"大家笑作一团。维尔通亨看似沉稳，没想到却是个搞笑的人。

正式拜见主教练毛里西奥·波切蒂诺时，他像父亲等候离家出走的儿子一样，毫不见外地迎接我。他问我："你知不知道我在南安普敦的时候就想买你？"其实关于转会，我了解的情况少之又少。他大笑着继续说："还有我来热刺的第一年（也想过），这次已经是第三次了。以前怎么叫你也不来，这次你怎么改主意了？"

其实这次转会热刺的决定，和波切蒂诺主教练也有很大关系，我知道他对我的评价一直都很高。效力勒沃库森时，他还亲自邀请我和父亲到伦敦做客。波切蒂诺和父亲见面时，放了一段我的比赛集锦，还说了一句："我的球队现在就需要这样的球员。"有意思的是，集锦画面不是我的进球，而是无球状态下的跑位或牵制对方后卫的镜头。这让父亲深切感受到波切蒂诺的良苦用心——他对我的器重不仅冲着"能进球"这一点，而是因为"风格契合"。这次谈话让我们对波切蒂诺产生了信任感，也开始觉得在这样的教练手下踢球，不仅能最大限度地发挥出我的特点，也能持续获得出场机会。

回到伦敦后的第一个周末，恰逢英超第 5 轮客场热刺对阵桑德兰的比赛。也许是看出我跃跃欲试的心思，主教练把我列入首发名单。桑德兰队的主场光明球场以前我在电视上见过，不过真正走进现场依然觉得很新鲜。桑德兰队有不少我耳熟能详的球员，包括曾是热刺传奇前锋的杰梅因·迪福，在切尔西和利物浦效力过的法比奥·博里尼，以及原来在曼联和朴智星大哥搭档的约翰·奥谢。热身的时候，我亲眼看到这些以前只在电视里见过的球员，才切身感受到，自己真的来到了英超。

我的热刺首秀很不理想，下半场第17分钟，我第一个被换下场。看得出来，我和队友的配合还很生疏，也浪费了禁区线附近的绝好机会。抛开整体水平不谈，英超在很多方面与德甲大不相同。德甲球队普遍重视战术配合，相对而言，英超更注重个人的力量、体能和速度。因为对进攻球员的个人能力要求很高，也意味着后卫盯防更加贴身、更加粗暴。最关键的是比赛节奏，双方的攻防转换真的很快。要想以这样的速度踢90分钟，必须具备超强的体能。我似乎一下明白了，征战英超的韩国前辈们为什么那么勤奋地锻炼上身肌肉。如此高强度的身体对抗，确实需要强大的肢体力量。

4天后，热刺在白鹿巷球场迎来欧联杯小组赛的第一个对手卡拉巴赫（阿塞拜疆）。虽然上一场我的英超首秀表现并不理想，波切蒂诺主教练还是把我排进首发阵容，给了我主场亮相的机会。著名的白鹿巷球场历史悠久，虽然看台规模只有3.6万席，但热刺主场球迷的气势绝对能“以一当百”，整场比赛，歌声和口号不绝于耳。在德甲赛场，呐喊助威的球迷和安静享受比赛的观众泾渭分明；在白鹿巷球场，根本没有那样的区分，所有人都在高唱战歌齐喊口号。怎么能有这么多人自始至终一刻不停地为我们呐喊？我不禁暗自称奇。

比赛开始仅6分钟，我们被判点球，很快0 ∶ 1落后。主场作战的紧张感顿时一扫而空，我开始告诉自己，“必须打起精神！”第28分钟，安德罗斯·汤森德开出的角球居然没有受到任何干扰，径直找到了埋伏在门前的我。出脚轻轻一垫，我便幸运地收获了自己在热刺的首粒入球。

SON
7
ROPA

两分钟后，我和阿里在禁区内打出精彩配合，阿里送出完美助攻，帮助我再次破门得分。贴着天价球员的沉重标签来到新东家，迟迟不进球会感到焦躁，甚至心态失衡。但幸运之神的垂青，让我这个新人转瞬间为球队扳平，又反超了比分，主场球迷欣喜若狂。下半场第 23 分钟我被凯恩替换下场时，全场球迷起立为我送上雷鸣般的掌声。走下场，我和主教练拥抱了一下，能用两个进球回报他的信任，真的很开心。

除了回报主教练，我还有两个必须得踢好这场比赛的理由：一来因为第二天中午我准备在俱乐部餐厅用韩餐招待全队；二来，午餐后还有专门为韩国媒体准备的记者招待会。作为主角，我自然希望能打好与卡拉巴赫的比赛，风风光光地参加活动。凭借我的两个进球和队友的出色表现，最终我们以 3 ： 1 反败为胜，为次日活动奠定了开心的基调。

用韩餐来招待全队是家人的主意。从亚洲来的球员，在欧洲俱乐部还是有些与众不同的。我很想马上打破陌生的隔阂，尽快融入到这个团队中。从这个角度来说，韩餐招待是非常好的想法。而且听朋友介绍说，韩餐在伦敦并不罕见，受欢迎程度正逐步上升。我们通过朋友请来了韩国大厨，让全队得以品尝到韩国专业厨师地道的手艺。这顿饭的受欢迎程度超出了我们的预期，从教练到球员，所有人都赞不绝口，尤其是辣味烤鸡和韩式烤牛排最受欢迎。职业球员平时的饮食管理十分严格，吃惯了清淡的食物，辣味烤鸡的甜辣味或许让他们觉得别有一番异趣。

那次聚餐过后，我又带着俱乐部的队友去伦敦市内的几家韩国餐厅探店。波切蒂诺也经常说 ：“想吃韩餐了，你再安排一顿啊。”后来，我又在俱乐部安排了两次韩餐，每次都是好评如潮。

比预期来得更早的首秀和首球，和队友们迅速融洽起来的关系，让我和热刺的蜜月非常甜蜜。

球迷

我的故事 04

我能亲身感受到
很多看我踢球的人
会从中感受到幸福
能有这么多人
支持我喜欢我
让我受宠若惊

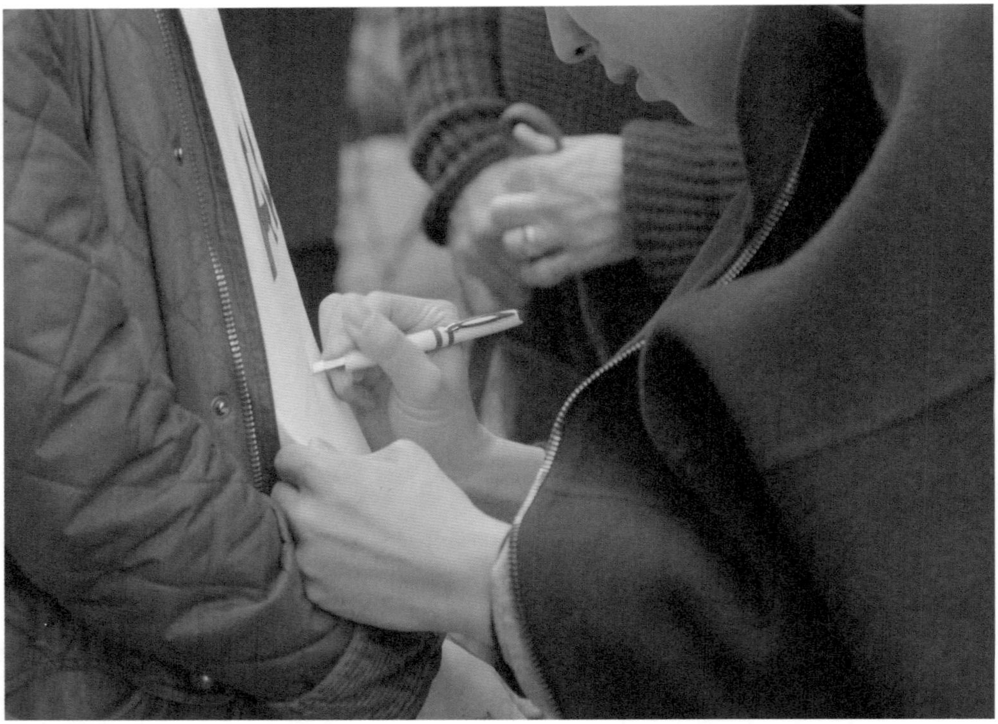

以前，偶尔有球迷前来索要签名
我的手总会情不自禁地颤抖

现在，我成了关注焦点，很多人都能认出我
此般成长，连我自己也感到不可思议

在足球道路上，我觉得自己还微不足道，无所成就
但是大家给予我如此厚重的爱，让我感激不尽

除了在赛场上继续展现良好的面貌以外，我无以为报

所以，我总是认真地准备下个赛季，希望能更上一层楼

21

现　　实

SON

7

在英超，各支球队每场比赛的报名人数是 18 人，其中 11 人首发出场，替补席上的 7 人中最多能上场 3 人，剩下的 4 人 1 秒出场时间都没有。比赛结束后，那些出场时间短或者没有获得上场机会的球员要留在场上进行加练。为了保持状态，加练很有必要的。不过训练球员的感觉会很苦涩，不是因为累，而是因为自身的处境凄凉。什么？你问我是怎么知道的？转会到热刺的第一个赛季，我加练了太多次，能不清楚吗？

与热刺的蜜月期犹如春天的阳光般温暖。欧联杯小组赛梅开二度后只过了三天，球队在主场迎来了英超第 6 轮和水晶宫队的比赛。我的名字不出意外地再次出现在首发名单中，这也是教练组信任球员的表现。当时的我虽然对球队战术的理解、跟队友的配合还不够到位，但在队内的位置还是相当稳固。

水晶宫队中有我儿时的偶像（李）青龙哥。他在博尔顿队效力时期的比赛，我几乎场场不落。青龙哥细腻的控球和充满灵性的传球，在身材高大的英超球员中间独树一帜。在博尔顿踢了6个赛季以后，他比我早半年转会到同在伦敦的水晶宫。所以得知我成为Londoner（伦敦人），最开心的莫过于他。虽然比赛开始时青龙哥在替补席上待命，但和儿时偶像同场竞技的感觉很神奇，我不由会心一笑。

正如赛前所闻，水晶宫队果然是个难缠的对手。他们的球员块头真的很大，会不停地用身体对抗向你发起挑衅，铲抢也十分凶猛。比赛一开始，我就尽情地行使开火权。倒不是我贪心，队友们也知道射门是我的长处，赛前就鼓励我多射门。在更衣室准备比赛时，维尔通亨说："桑尼，拿到球别想太多，直接射门。"

比赛进程很艰难，双方迟迟没能打破场上僵局。下半场第23分钟，刚刚替补出场的克里斯蒂安·埃里克森反击中向前直传，我顺势加速带球突入禁区。对方身材高大的中后卫挡在我和球门之间，我把球向左一拨，瞬间出现了直面守门员的机会。于是我左脚大力抽射——球穿过门将的胯下飞入网窝。英超联赛处子球！进球的味道永远是甜美的，而能给球队带来胜利的进球，更是味同琼浆玉液。比赛结束前我被换下，白鹿巷球场的球迷们再次为我起立鼓掌。

众所周知，英格兰足球的赛程十分紧密。斩获英超处子球的开心转瞬即逝，因为球队很快就着手备战三天后的联赛杯64强战。联赛杯是英格兰所有92家足球俱乐部之间不分级别的比赛，按理说，我们64强战的对手一般是低级别球队，但这次偏偏抽到了同城死敌阿森纳。热刺和阿森纳之间的北伦敦德比即使放眼整个欧洲，也是超一流的德比大战。虽然早有耳闻，但身为热刺成员，亲身体验到的那种死敌对峙的氛围，还是让我惊心动魄。早在进队伊始，热刺俱乐部就告诉过我几个注意事项，“No red”（禁红令）就是其中之一。热刺的球员和球迷，都应该唾弃代表阿森纳的红色。除了日常穿着，坐驾也绝对不能是红色的。遵照这条“禁令”，我在伦敦新入手的汽车选了象征热刺的深蓝色。就连一向斯文的哈里·凯恩，被问到印象最深的进球时，也总是这样回答：“在北伦敦德比攻入的所有进球。”

本该适当轮换阵容的联赛杯 64 强战，因上演北伦敦德比，两队不得不倾尽全力。考虑到我的体能状况，教练组决定让我替补出场。即使不在场上，我也明显感受到热刺球迷的声浪比平时更强了，令人热血沸腾。对手马蒂厄·弗拉米尼第 26 分钟的进球让我们陷入被动，下半场第 11 分钟，纳赛尔·查德利的传中让阿森纳的卡勒姆·钱伯斯不慎自摆乌龙，我们幸运地扳平比分。双方主教练都想拿下比赛，不约而同地换上前锋加强进攻。下半场第 22 分钟，波切蒂诺派我上场，温格则派上了桑切斯。那天，我没能给球队带来胜利，反倒被弗拉米尼再下一城，热刺最终以 1 ： 2 告负。第一次经历的北伦敦德比，让我对两队的百年恩怨有了更深的理解，也给我留下了深深的遗憾。

与此同时，我在场外解决语言障碍的进度比预期还要顺利。精通德语成了加分项，毕竟英语和德语都属于印欧语系 – 日耳曼语族，在发音和书写方面有不少相似之处。一开始，我确实很难听懂队友们的“英国腔”，但我没有不懂装懂，而是虚心求教，打破砂锅问到底。我想要尽快学好英语的努力，也给大家留下了很好的印象。我认为，想要获得别人尊重，首先得有学习他们的语言文化的积极端正的态度。就如著名的英语谚语 when in rome，do as the romans do（在罗马，就得像个罗马人），入乡随俗是上上策。俱乐部还为非英语国家球员安排了英语测试，我只用半个赛季就过关了。俱乐部说我是全部外援中达标周期最短

2015 年收官之战对阵沃特福德

我终于结束了长达 3 个月的进球荒

的，还专门表扬了我的英语学习速度。

虽然一切都很顺利，也没敢忘记父亲那句“好事多磨”的口头禅，但我还是没想到，磨难会来得那么快。北伦敦德比后，我们接着在主场迎战曼城。那时，曼城还是在佩普 · 瓜迪奥拉的前任——曼努埃尔 · 佩莱格里尼教练的治下，球队星光璀璨。被奉为英超“唯一”超级巨星的塞尔吉奥 · 阿圭罗、曾经在德甲和我交换过球衣的凯文 · 德布劳内、全能中场亚亚·图雷、巴西国家队主力费尔南迪尼奥等，全是响当当的巨星。

这场比赛我重新进入首发阵容，可谓是自信心爆棚，比赛当天的状态也很好。上半场大概 20 分钟左右，我启动加速试图插向对方后卫的身后空当，只听身后突然发出“啪”的一声，感觉有人在背后踢到我的脚掌。英超再粗野也不应该这样啊，怎么能乱踢人呢？不过回头一看，没人。那么刚才到底是什么声音？这时，脚掌处突然传来一阵可怕的剧痛，疼得我迈不开腿。可我不想就这样伤退，硬是忍着疼痛打完了接下来的比赛。

上半场，德布劳内先入一球，但埃里克 · 戴尔和托比 · 阿尔德韦尔德的连续进球让我们扭转了局面。当凯恩把比分扩大到 3 ： 1 后，我被恩吉耶换下。离场时，滚烫的脚掌像踩在火山上一样，我在内心祈祷，但愿只是小伤病。

晚上，疼痛并没有缓解。搞得我在床上翻来覆去，很久才睡着。“睡一觉就会好的”期待在次日清晨完全破灭。一睁眼，我就看到脚掌肿得就像充了气，再看脚底的淤青已经变成褐黑。

到了医院，查出疼痛欲裂的原因，原来脚底肌腱断裂了。诊断结果是足底筋膜炎，队医认为恢复期至少需要三周。对于顺风顺水的我来说，这个意外犹如晴天霹雳。直到这时，我才意识到自己的愚蠢。事实上，在我的热刺首秀时，脚掌就有些疼痛，但我却对家人和俱乐部隐瞒了伤情。此后的两场比赛，我打进3球，风头正劲，不想因为小伤中断了这个势头。英超球队主力位置的竞争别提有多激烈，哪怕缺席一堂训练课，或是一场比赛作壁上观，都有可能彻底沦为替补。我不想放弃已经抓住的机会，结果小病不治大病难医——愚蠢的隐瞒最终让我远离赛场将近一个月。能怪谁呢，只能怪自己。

最折磨伤员的并不是伤痛，而是因竞争掉队产生的焦虑。我曾经看过英国某个体育专业教授发表的论文，内容是通过面对面采访，分析研究职业球员因伤缺阵的心理。问卷调查中出现最多的回答是“愤怒”，希望顶替自己位置的同伴表现不佳的人也不少。5年前刚升入汉堡一队就遭遇脚趾骨折的时候，我也曾因担心失去机会哭得一塌糊涂。伤停期间，看着取代我出场的队友的表现，心情真是五味杂陈。一方面，希望球队取得好成绩；另一方面，又自私地渴望他们“没我还是不行”。其实说白了，还是担心自己的饭碗被别人抢走。在职业赛场摸爬滚打了十年之后，现在的我即便在场外也会真心为队友加油，但加盟热刺的第一个赛季，我的心智依然很稚嫩。

伴随着焦虑、压力、渴望复出的复杂情绪，我度过了一个月的治疗和康复期。波切蒂诺似乎看穿了我的小心思，即使我传递出能上场的信号，他也没有急着派我上场。当然，足底筋膜炎复发率高也是教练组一再推迟我复出时间的原因。

与曼城的比赛转眼过了42天，我终于重返赛场。但复出后，等待我的却是糟糕的球场表现，射门的机会送上门也被我屡屡浪费掉。斩获英超首球整整100天后，我才在个人第13场比赛中攻入联赛第二球。辞旧迎新步入2016年，我依旧没有摆脱替补的身份，有几场比赛甚至只能出场一两分钟，连球都没碰到比赛就结束了，更有甚者，我还经历过整场比赛替补席枯坐的梦魇时候。明明感觉自己能做得更好，却得不到重用，不满情绪逐渐在我的心中滋长。

结束前的最后三场英超比赛，我虽然首发并攻入两球，但积分榜大局已定。在热刺的第一个赛季，我的成绩单上只有惨淡的 8 粒进球（联赛 4 球），连续三个赛季进球上双的纪录就此终结。

身价 3000 万欧元的前锋，竟然要赛后留在没有一名观众的球场上，凄凉地加练。我从小怀揣着的英超梦，可不是这个样子。

22

结　　论

SON

7

“心怀感恩，享受当下”是我的幸福哲学。在球场上尽情享受与足球为伴的每个瞬间，便是幸福。沉湎过去抑或担忧未来，都会影响到当下的幸福指数。在英国，我常被人们叫作“微笑男孩”，队友们也很好奇，“你是怎么做到从早到晚笑呵呵的？”其实道理很简单，微笑会带来幸福。每天早上起床后，我都会跟自己约定：“今天也要幸福。”

我的幸福论偶尔也会动摇，在我圆了英超梦的2015/2016赛季就是如此。现在回头去想，我的第一英超个赛季在迷茫和失落中一转眼就过去了。为了适应和德甲风格迥异的英超，我耗费了不少精力。细小的差异一旦堆积起来，也能给人造成不小的困扰。比如在德甲赛场，放倒我的对手会伸出手来问一句“没事儿吧”，但在英超，这种友善并不存在。每逢客场作战都要忍受如潮的骂声，在疯狂的球迷眼中，身为东方人的我是场上最引人注目的攻击对象。

伤愈复出后，我明显感觉自己的存在感变得越来越低。我也知道，身价只是数字而已，并不能保证我的主力位置。但是，得不到公允的机会难免让我苦恼郁闷。而一次又一次在下半场补时阶段作为替补中的替补，为了拖延时间登场，更让我感到屈辱。

有一次，我站在边线准备替补上场，不巧的是，场上说什么都不死球。那天格外寒冷，我被冻得直哆嗦，只好在原地蹦跳维持体温。虽然说不上确切时间，感觉至少等了四五分钟。那一刻，我觉得自己的处境真是凄惨。如果那样的日子一直持续下去，我恐怕很难坚守“今天要幸福”的哲学。

一阵煎熬之后，我决定找主教练问个明白。那是我球员生涯第一次主动找主教练谈话，也是迄今为止最后一次。整个赛季积压在心中的郁结实在过于沉重，感觉就要憋出心病来了。我将问题一吐为快——为什么我不能首发出场？我具体有哪些问题？以后我应该怎么做？不过，最想知道的还是球队是否还需要我？

波切蒂诺温言开解，还阐明了希望和我在热刺共谋宏图的愿景。我倾诉着连续三场被用作拖延时间的替补，给我造成了多大的心灵创伤，甚至吐露了内心深处重返德国的想法。波切蒂诺反复强调，请我相信他，让我耐心等待。当场不可能得到明确答复，这点我早有预料。换做我是主教练，也很难完美劝服一名身处这种状况的球员。此时，德甲的沃尔夫斯堡俱乐部向我抛来橄榄枝，当时沃尔夫斯堡并不差钱，每年的球队预算规模和拜仁慕尼黑不相上下。虽然我并不清楚两队接触的具体细节，但此时的尴尬处境足以让我心生杂念。

正在残局难破时，2015/2016 赛季悄然落幕。我马不停蹄地前往国家队报到，备战与西班牙和捷克的两场热身赛。回到韩国，总能让我感到心平气和。我暗自庆幸能披上国家队的球衣，把纷乱的心事暂且封存在伦敦。

韩国队自 2015 亚洲杯决赛输给澳大利亚之后，已经 13 胜 3 平未尝败绩，最近 9 场比赛更是保持全胜，所以面对西班牙，我们也大有信心。但这场 2016 年 6 月 1 日在奥地利红牛竞技场举行的热身赛，我们最终以 1 ： 6 惨遭蹂躏。仅上半场就丢了三个球，彻底被打残，下半场又丢三球，让韩国足球颜面尽失。在自己为国效力的比赛中，自尊心从未被践踏得如此体无完肤。说实话，比折戟巴西世界杯时还要愤懑。惨败不仅是实力上的差距，队伍在斗志和精神方面也远不如对手，着实让人恨其不强怒其不争。对自己的毫无作为，更是觉得无地自容。被换下场时我正生着闷气，随手把工作人员递过来的毛巾狠狠摔在替补席上。这虽是气头上的无意识行为，但显然太过冲动。就我这表现，哪还有脸面使什么性子？

没过多久，我意识到自己的鲁莽会给国家队造成多大的负面影响。第二天接受采访时，我非常郑重地做了检讨。惨败犹如一剂强心针，让全队打起了精神，在接下来的比赛中客场 2 ： 1 战胜捷克队，算是挽回了一点颜面。在原本希望得到安慰的避风港成为众矢之的，这趟国家队之行一大半都被嘲讽的声音所淹没。要想拨开前方的迷雾，我迫切需要一个突破口。

7 月最后一天，在前往里约奥运会的飞机上，很多念头在我脑海中闪过。两年前巴西世界杯是一次宝贵的经历，我怎能忘记轻敌惨败的教训，又怎能忘记流下的苦涩泪水。世界杯后的两年时间里，无论生活还是工作，我都有所成长。为了并肩征战奥运会的弟弟们，这一次，我得做一个甘愿牺牲自己的大哥。

小组赛首轮，我们 8 ：0 大胜斐济。考虑到我经过 36 小时的长途飞行，刚刚和球队会合，教练组本不打算派我上场。但随着（柳）承佑在上半场早早打开局面，比赛俨然变成压倒性胜利的局面。主教练申台龙觉得这是我和队友磨合的好机会，于是在下半场第 25 分钟把我换上场。两分钟后，我罚进了承佑得到的点球，厚着脸皮在这场进球盛宴上蹭了点儿吃喝。

小组赛第二轮对手是德国队。自从确定随队出战里约奥运会，我就一直想象着与德国队交手的情景。我想让德国朋友们亲眼看到我的成长，而且德国队中有不少我的熟人。布兰特虽然比我小 4 岁，但才华横溢的他早已成为勒沃库森一队主力。布兰特在 2014 年 2 月对阵沙尔克 04 的比赛中完成了职业生涯首秀，当时他替补登场换下的人正是我。

两队你来我往，奉献了一场针锋相对的精彩比赛。上半场我们没有保住领先优势，被塞尔日·格纳布里扳平比分。中场休息时教练组再次强调防守时要集中注意力，但下半场第 10 分钟我们就稀里糊涂地被达维·泽尔克打入反超一球。大事不妙！搞不好我们就此将被对手牵着鼻子走。重新开球后，守门员一脚长传球幸运地被我拿到。带球突入禁区后，我在最有把握的禁区角用左脚扳平了比分。德国队反超仅仅两分钟后，双方又回到同一起跑线。

申台龙主教练果然崇尚进攻。下半场还剩 15 分钟时，又派上另一名超龄球员、前锋（石）现俊哥。现俊哥也不负众望，在下半场第 42 分钟打进一球，让我们 3 ：2 再次领先。我本以为大局已定，但最终证明这只是一厢情愿。补时阶段，格纳布里利用任意球再次将比分扳平。没能守住最后一分钟，德国这条“大鱼”就这样从我们手里溜走了。

最后一场小组赛对阵墨西哥队，我们打平就能以净胜球优势出线，对手则必须要赢下比赛。比赛真的很艰难，墨西哥队不愧中北美的足球霸主，擅长利用速度和技术优势持续向我们施压。下半场开场没多久，墨西哥队的远射击中门柱，把我们吓出一身冷汗。但胜利女神还是站在了我们这边，下半场第 32 分钟，（权）昶勋突然发力，左冲右突晃过三名防守球员，用“疯狂的左脚”先拔头筹。领先之后，我们顶住了墨西哥队一浪高过一浪的攻势，成功晋级八强。更重要的是，我们是以小组第一出线，小组赛的表现比 4 年前获得铜牌的伦敦奥运会还要出色。

小组第一的身份，让我们成功避开夺冠呼声最高的葡萄牙队，迎来了八强中实力最弱的洪都拉斯队，这让全队信心百倍。此役几乎是上一场比赛的翻版，遗憾的是我们扮演的角色调转了过来。我们从始至终占据场上主动，但 16 脚射门无一命中，我也浪费了好几次机会。对手在下半场抓住机会领先一球后，便明目张胆地瘫倒在场上拖延时间。刚才还活蹦乱跳的球员，频频像被毒针扎了似的毫无征兆地倒地。这种毫无公平竞赛精神的态度，令人怒火中烧。不过这也是足球的一部分，洪都拉斯队选择的是“丑陋”的胜利。

终场哨无情吹响，我跑向主裁判提出抗议，被拖延的时间那么久，补时应该再长一些。其实我也很清楚，这么做根本无济于事，但还是不停申诉着。我好想让时光倒流，如此冰冷的结局太不公平，完全配不上我们的努力，也实在对不住队友们。我的大赛之旅又一次以泪洒疆场落幕。肝肠寸断，感觉仿佛跌入了万丈深渊。

8 月底回到伦敦，接二连三的不如意和长途飞行的多重打击下，我的状态并不适合立即投入比赛。意想不到的是，沃尔夫斯堡寻求转会一事并没有完全熄火。热刺提出的“劝退式”报价（大大超出我加盟热刺时的转会费），沃尔夫斯堡竟然一口答应。我也吓了一跳，赶紧问寻俱

16

乐部的态度。但列维主席避而不答，玩起了拖字诀。无奈之下，我们上门堵住了列维："您提出的价格对方已经答应，同意转会才符合商业准则，对球员来说也是最好的选择。"列维压根儿就没打算把我送走，他说："这个金额，我无法拒绝啊……"但话锋一转，把球踢给了波切蒂诺，"我问过主教练，结果他大发雷霆，说绝对不能放走孩子。如果我同意了这桩转会，说不定他会杀了我。"我们反驳道："在这里做拖延时间才上场的替补是浪费生命，对球员是致命的打击。"列维主席回应说："下赛季你肯定能踢出来，我相信你，孩子。"

直到转会窗口关闭，双方未能坐在一起。这样一来，整个夏天都在撩拨我心弦的回归德甲一事就此终结。结论也出来了。2016/2017 赛季，我还得在热刺踢球。坐穿冷板凳、梦断奥运会、回归德甲无望……种种复杂心绪，该整理的整理，该忘记的忘记，给自己赋予新的动力。

我需要证明自己的价值，但这个价值别人给不了，只能靠自己。抱定拼死一战的决心，新赛季的我一定要触底反弹，因为已经没有退路可言！

23

反　　弹

SON

7

在绿茵场上，所有的一切都让我感觉幸福。那里有我最喜欢也最擅长的足球，只需心无旁骛地踢好比赛就行，感觉很自在。进球的瞬间，更是不羡皇帝不羡仙。训练也一样，能够从头到尾专注于训练，心情很轻松。一旦离开球场，无异于走出美好的梦境，回到残酷的现实当中，比如不时折磨我的里约奥运会挫败感。回到伦敦后的一段时间，只要我一躺下，脑子里就会浮现出对阵洪都拉斯的比赛场景。当时想，如果一天 24 小时能一直在场上踢球就好了。

因为出战奥运会，我的 2016/2017 赛季比队友们晚了将近一个月才启程。加上我的去留一直悬而未决，直到转会窗口关闭之前才确定留在热刺，我的心里乱糟糟的，迫切地想赶快踏上那片可以让我遗忘一切烦恼的绿茵场。

英超第四轮做客斯托克城，主教练安排我首发出场。进入场地热身的那一刻，熟悉的绿草馨香扑鼻而来。想到接下来的两个小时，可以心无杂念地专心踢球，赛季首场比赛的压力也变得无足轻重。热身最后一个环节是射门训练，我的射门全部偏出。这种情况非常罕见，到底是吉兆还是凶兆，把我弄糊涂了。

上半场尾声阶段的破门给了我答案。当时我接到克里斯蒂安 · 埃里克森的精准传中，左脚凌空垫射为球队首开记录——这是我这场比赛的第一脚射门。赛季第一场比赛，第一脚射门，就打入赛季第一球。就是这样的美妙体验，让我对足球一直乐此不疲。下半场第 11 分钟，埃里克森再次把球送到“孙兴慜区域”，我也是右脚直接兜射，皮球精准地蹿入了对方球门的死角。两脚射门斩获两球，看来之前的预感没错。热身感觉不好，比赛反而容易进球；热身球球命中，比赛时可能怎么也打不进。之后我又为哈里 · 凯恩送上助攻，帮助球队 4 ∶ 0 大胜对手。这场比赛我收获了两个进球一次助攻，当选了全场最佳球员。我爱足球，足球也诚不负我。

第五轮对阵桑德兰队的比赛可谓喜忧参半。好消息是球队 1 ∶ 0 获胜，我再次当选全场最佳球员。虽然凯恩打入制胜球，但我的表现更加活跃，全场球队 10 次射门我占了 7 次。坏消息是，王牌球员凯恩脚踝受伤，要休养一个月左右。

第六轮做客米德尔斯堡，上半场我就上演梅开二度，其中第二球十分精妙，我自己也没想到。当时我在禁区左侧带球突向底线，在后卫干扰下又向回带到大禁区线附近，随后转身用右脚搓射。射门时我甚至没看球门，朝着脑海中勾勒出的球门抡了一脚，结果皮球精准飞进球门远角。我想再强调一遍，“孙兴慜区域”并不是天赋的体现，而是苦练的结果。从 2011 年夏天的魔鬼训练开始，后来赛季中，只要有点空闲时间，父亲就带我进行射门专项训练。在汉堡的第二个赛季，我还用了整整半年时间天天专门加练射门。这个进球，其实就是这些年我在场下努力训练的成果。下半场我们坚守城池，最终以2 ：1的比分从客场带走3分。赛后，我再次被评为全场最佳球员。连续三场被评为最佳球员，在我的职业生涯中还是第一次。

9月的收官之战，我锦上添花又有收获。9月28日客场与莫斯科中央陆军的欧冠小组赛，下半场第25分钟，我在禁区内接到拉梅拉的妙传，攻入全场唯一进球。当时对方守门员阿金费耶夫碰到了皮球，但脱手后皮球还是缓缓滚入球门。霉运来了喝凉水都能塞牙。交好运的时候，球被门将扑到也能滚进门里。套用时髦话来讲，就叫“运气来了挡都挡不住”。

整个9月，球队的战绩是5胜1负，我收获了5粒进球和1次助攻，只算英超成绩也有4粒进球和1次助攻。大概一周后，队友们纷纷开始祝贺我入选9月的英超月度最佳球员提名。搞笑的是，之前我并不知道英超还有这么一个奖项。也是这次我才知道，自己成为获得该项提名的第一位亚洲球员，（朴）智星大哥也没有做到过。

结果公布的三天前，俱乐部工作人员就通知我当选了月最佳球员。因为需要拍摄照片、安排采访，得提前和获奖球员协调日程。俱乐部还嘱咐说，在官宣之前要保守秘密。虽然明明知道了结果，但结果公布的当天早晨的上班路上，我还是莫名其妙地非常紧张。

到达训练场，我看到主楼露台上正在紧锣密鼓地进行拍摄筹备工作。长方形奖杯拿在手里沉甸甸的，我第一感觉是“哦！给我的怎么会这么沉”。接受英足总记者简短采访时，我心里乐开了花。英超是全世界最好的职业足球联赛，能在全世界最优秀球员云集的舞台上获得这样的奖

无巧不成书
对阵诚庸哥所在的斯旺西城队
我打破了他保持的亚洲球员
英超单赛季进球纪录

项，真的很有成就感。

回想过去几个月的心路历程，更觉得这个奖项于我而言意义非凡。几个月前，我还是只能在垃圾时间登场的替补，内心备受煎熬。如果当时真的转会到沃尔夫斯堡，肯定无缘这个奖项。冲击奥运会奖牌失败后成为众矢之的，那些箭头还留在我的心头。这个奖项向世界证明、也让我明白了我能做得更好。那段暗无天日的日子，被一脚踢到爪哇国去了。

曼联名帅弗格森爵士曾用过“强势反弹”这样的措辞形容足球现象。意思是说，如果以戏剧性的方式摆脱低迷状态，触底反弹的力度最强劲。时隔两个多月，在对阵斯旺西时打进的凌空侧钩，印证的差不多就是这个道理。高歌猛进的 9 月之后，我又于 10 月 6 日回国参加 2018 俄罗斯世界杯亚洲区预选赛 12 强赛对阵卡塔尔的比赛。上半场，我在和卡塔尔后卫的拼抢中脚踝受伤，因为不是很严重，所以坚持打满了全场，下半场还打进帮助球队逆转取胜的关键一球。但赛后，脚踝的疼痛感一直没消，不是我给自己找借口，反正那天之后我的进球浪潮戛然而止。此后的进球荒长达两个月，眼看心态要受影响时，迎来了与斯旺西一战的破门。当时埃里克森的射门打在对方后卫身上弹起，我在禁区内侧身凌空勾射破门。虽然进球再精彩也不能算两个，但这样的进球会长时间成为球迷的谈资。

进入下半赛季后，我总能隔三差五打进让球迷津津乐道的进球。足总杯 32 强赛中，我们一度 0 ： 2 落后于第四级别联赛的韦康比流浪者。下半场第 15 分钟，我在底线几乎零角度的情况下破门，又在伤停补时结束前 30 秒，攻入了戏剧性的决胜球。与米尔沃尔的足总杯八强战中，我上演了来到英国后的第一个帽子戏法，热刺也以 6 ： 0 狂胜对手。

赛季末的两个月，我度过了出道以来最美好的时光。4 月 1 日客场打伯恩利，替补登场4分钟便为球队再添一球——凭借这粒英超赛季第8球，我追平了亚洲球员的英超单赛季进球纪录（8球）。之前的纪录是由（奇）诚庸哥2014/2015赛季在斯旺西创造的，而我超越这一纪录的第9球，偏偏在4月6日面对斯旺西的比赛中出现。比赛结束后，（奇）诚庸哥并不在意，反倒调侃我："你是前锋，破不了这个纪录岂不是更丢脸！"

我一直很关注自己的数据，因为我每个赛季的最低目标都是超越上赛季。三天后对阵沃特福德的比赛中，我梅开二度，实现了2016/2017赛季联赛进球数上双的目标。虽然目标实现了，但那天错失帽子戏法的遗憾更大。凯恩把大饼喂到了嘴边，我却吐了出来。回到更衣室，凯恩取笑我说："给你送上帽子戏法大礼，你就那样扔掉啊？下次不传给你了！"

整个4月，我和热刺同步开启了冲刺模式。球队拿下全部6场联赛的胜利，狂揽18分。我在连续4场比赛里打进5球助攻1次，本赛季第二次被提名英超月度最佳球员。没过几天，俱乐部员工再次打来电话和我确认时间。奖项的分量、奖杯长什么模样，虽然我早已一清二楚，但得奖的感觉还是那么爽。

令我意外的是，第二座当月最佳球员奖杯还不是本赛季我的巅峰时刻。联赛第37轮客战莱斯特城之前，我的赛季进球数停留在19球已经长达三周之久。迟迟跨不过这道"九数坎"，让我心里十分焦急。结果精诚所至，对阵莱斯特城的比赛中我收获两球，一举迈过了从前只能仰望的20球大关。

单赛季21球，刷新了韩国球员在欧洲赛场创下的单赛季进球纪录。之前我曾以为车范根指导的纪录（赛季19球）会很难逾越，因为单赛季打进 20 球绝非易事，没想到我居然做到了！而且我在英格兰赛事中的总进球数达到 29 球，超越了另一位韩国传奇球星（朴）智星大哥的记录。我一直努力保持谦逊低调，但那天赛后接受采访时，很难控制不时咧开的嘴角。

如果有时光机，我很想穿越回到一年前、找到那个身心俱疲、郁闷至极的自己，拍拍肩膀鼓励他："没关系，好日子会来的。"

24

学　　习

SON

7

我经常看足球视频。居家休息的时候，大部分时间不是玩游戏，就是看足球视频。来伦敦给我帮忙的朋友们总是说我：“喂！为了给你帮忙，我都跑到伦敦来了，你还一直看足球啊？”有时和别人聊到一半，我又不知不觉地拿起手机看足球集锦。这手机又不是金庾信的马（译者注：韩国典故，新罗重臣金庾信年轻时狎妓，被母亲斥责后发誓改过，但醉酒后被自己的坐骑习惯性地带到妓院，他当即斩马还家），也不能说扔就扔，真有点儿不好办。这样的症状一般叫做沉迷，对了，说我是个“足球御宅男”也差不多。

我爱看足球比赛视频的理由有二：首先，因为好看。平日比赛太多，我主要看的还是热刺在联赛中的对手，或者其他联赛豪门俱乐部的比赛。特别是看 C 罗和梅西的比赛，就像欣赏美国大片一样，会不由自主地陷进去。至于国家队队友的比赛，我主要靠刷比赛集锦，韩国 K 联赛的赛季走势和热点新闻也不会错过。平时一个人看着视频网站上的足球节目，也能嘻嘻哈哈地自娱自乐——想想那些“足球铁粉”，就好理解了。

第二个理由有点严肃——为了学习和提高。从足球视频中真能学到很多东西。C 罗、梅西、内马尔等和我踢同一位置的球员，是主要的学习对象；观摩德布劳内、博格巴的比赛，也能让我受益匪浅。不过最重要的参考资料还是我自己的比赛视频。事实上，粉丝精心剪辑的我的进球集锦，我会反反复复看很多次。既有让我心情愉悦的效果，也能助我推敲当时的情况有没有不同的选择，在脑子里做意象训练法。

通过视频，能看到更多的东西。比赛中所有事情转瞬即逝，万分之一秒的快慢也会决定成败，根本没有时间深思熟虑。而观看视频可以帮我找出当时在场上没有想到的其他方式。日后再次遇到相似的状况时，根据意象训练成果处理球的情况也很多。这样的观察思考对我的球技提高帮助很大，也是我在采访中常说“要继续学习”的原因。无论在球场上做得多好，赛后看视频总会找到能改进的地方。2016/2017 赛季我收获了 21 个进球（英超 14 个进球），但对阵赫尔城的赛季收官战结束后，一直到第二天天亮，我都无法入睡。因为满脑子都是自己在场上没有做出合理选择的瞬间，以及应该做得更好、还有待提高的地方。

视频学习过程中，最让我喟然长叹的是 2018 俄罗斯世界杯亚洲区预选赛 12 强赛。虽然最终我们连续第 9 次入围世界杯，但晋级过程却异常艰难，一路都是荆棘丛生。到底是哪里出了问题？我为此苦苦思索了无数遍。面对外界“孙兴慜一到国家队就隐身”的质疑，我同样想找到答案，也为此努力了很久很久。就在一年前还能打进亚洲杯决赛的球队，为什么在 12 强赛上竟然如此坎坷，很让人费解。

2016 年 9 月 6 日对阵叙利亚的闷平，是诸多不顺的序幕。根据热刺俱乐部和韩国足协之前达成的协议，我踢完9月1日第一轮与中国队的比赛后，就提前返回伦敦，我们的第二个对手叙利亚队当时的世界排名是第105位。没想到我们在比赛中迟迟打不开局面，加上对手堪称来自外太空的“卧草”战术，致使我们意外地丢了两分。在伦敦看完与叙利亚队的比赛直播，我抑制不住内心的苦闷。虽说自己因为特殊原因缺阵，但毕竟是唯一缺席比赛的主力队员，心里很是愧疚。

就像被谁下了诅咒了似的，我们举步维艰。10月6日在水原进行的第三轮比赛，我打入制胜球帮助韩国队3 ∶ 2战胜了卡塔尔。本以为我们会乘势而上，但紧接着在客场0 ∶ 1完败于伊朗。卡洛斯 · 奎罗斯教练率领的伊朗队不仅在力量和技术，甚至在对比赛的掌控上，都展现了亚洲顶级球队的实力。我们整场比赛连一次有效射门都没有，只输一球已是万幸。

赛场之上诸事不顺，赛场之外也出现了杂音。施蒂利克主教练赛后接受采访时说：“可能是因为我们没有像卡塔尔的索里亚那样的球员。”回酒店的大巴上看到这条新闻，我一开始以为是误传。回到埃斯特格拉尔酒店后接受国内媒体采访，我不由自主地说出了心里话：“我认为（主教练这样说）会打击球队的士气，我和队友都拼尽了全力，听到那样的话觉得很遗憾。”当时的我不该这么说吗？不太清楚。在英超偶尔也有类似的情况发生，主要集中在身处降级区的球队。不过我从未想过热刺会降级，也从未想过韩国队不能进军世界杯。

2017年3月23日，我在长沙体育场的观众席上眼睁睁看着韩国队客场败北，整个90分钟一直头痛欲裂。因为累积黄牌停赛，这场比赛我只能作壁上观，但不能上场的郁闷和输球后遭受的责难相比，简直是小儿科。0 ∶ 1输给中国队后，各种批评和指责之声甚嚣尘上，主教练

2017 年 7 月客场对阵卡塔尔

赛后带着伤病和失利的回国之路

十分苦涩

更是首当其冲。回到主场 1 ： 0 拿下叙利亚队后，韩国足协在激烈的争论中决定继续留任施蒂利克主教练。出现主教练帅位不稳的情况，球员们也有很大的责任。

英超 2016/2017 赛季一结束，我便回国备战与卡塔尔的客场比赛。至少那时，我面对卡塔尔有很大的心理优势。尤其 2013 年 3 月在下半场补时阶段攻入的进球，在我的足球生涯中具有特殊的意义。而去年 10 月的主场比赛，也是我攻入制胜球，拿下了卡塔尔队。

2017 年 6 月 13 日，这一天经历的一切都成了噩梦。上半场第 25 分钟我们率先失球，这似乎也预示了之后的不幸。失球后不久，我在争抢高空球时被撞倒在地，撑地的右手臂传来了糟糕的声音，一时间我疼得我都说不出话来，当即被换下场送到附近的医院做检查。X 光片显示，我的骨头（桡骨）明显错位，队医的建议是“先打上石膏，回国做手术”。于是，我打着厚厚的石膏板，穿着比赛时的球衣（是的，衣服都换不了），带着球队 2 ： 3 失利的结果返回了韩国。国内的大夫用金属板和钢钉固定住了断裂的骨头，而就在我手术的那天，主帅施蒂利克下课。那次受伤给我留下了一层心理阴影，让我直到现在争抢高空球时还会有些犹豫，不敢做动作。

8 月 31 日主场迎战伊朗队的两周前，我在热刺对阵纽卡斯尔联队的比赛中重返赛场。其实英超新赛季伊始，我的脑子里还都是关于世界杯的执念。抛开国脚身份，作为一名韩国公民，我无法想象没有国家队的世界杯。哪怕让我上刀山下火海，为了韩国队进军世界杯也在所不惜。彼时的国家队主帅已经换成了“干爹”申台龙，在只剩两场比赛的情况下，我们勉强排在能够获得直通世界杯门票的小组第二位。如果后两场比赛的结果不理想，我们也有可能要打附加赛，或直接被淘汰。

悲壮的感觉在赛前一天的公开训练课上变成了失望，首尔世界杯体育场——韩国男足国家队主场的草皮像被老鼠啃过一样破烂不堪。在这样的场地上想打出高水平的比赛，简直是痴人说梦。果不其然，比赛中两队球员在变向时纷纷滑倒。

在众多久违的韩国主场球迷面前，我们只交出了0 ∶ 0的白卷。有气无力地走回更衣室时，伊朗队的主帅奎罗斯正在等着我。以前每次在亚洲赛场遭遇，他总是激励我说："你是出色的球员，祝你好运。"这一天奎罗斯主教练很郑重的向我索要球衣。世界级名帅亲口提出这样的请求，让我非常惊讶又备感荣幸。比分和草皮带来的不快，也因此稍有缓解。

5天后，在乌兹别克斯坦首都塔什干进行的最后一场12强赛，又是一场0 ∶ 0。幸亏叙利亚只是逼平了伊朗，我们才能以小组第二的排名直接出线，完成连续9次进军世界杯决赛圈的目标。回首整个过程，可谓跌宕起伏，荆棘丛生，让人身心俱疲。我过了很久都不想复盘，除了疲劳累之外，也对整个12强赛只进一球的自己失望至极。尽管最后两场对阵伊朗、乌兹别克斯坦都以0 ∶ 0收场，但我们也看到了希望，因为在之前比赛中消弭不见的斗志又回来了。队友们在累到虚脱的情况下，为了再多跑一两步而拼命的样子，让我很受感动。如果我们从12强赛初期就燃起这股斗志，通往俄罗斯的道路就不会如此艰难。还好，在最危机的关头找回了斗志，这一点还是值得欣慰。剩下的9个月时间里，如何延续状态，成了摆在我们面前的课题。

12月1日，备战与沃特福德一役的球队训练结束后，我和家人一起收看了俄罗斯世界杯分组抽签仪式的直播。因为2014年巴西世界杯的眼泪还未干，心理颇为复杂不安。人生的第一届世界杯，让我这个霸气满满的初生牛犊撞得头破血流，也由此学会了敬畏、收获了教训。看着抽签仪式，我心里既希望能遇到强队，又渴望抽到值得一拼的对手。

抽签的结果是：我们与瑞典、墨西哥、德国分在F组。德国是卫冕冠军，同时是国际足联排名第一的超级强队，墨西哥和瑞典则是在世界杯摸爬滚打多年的“硬骨头”。果然这次我们又是小组最弱的鱼腩球队，其实我早在巴西就充分领悟到了世界杯舞台“没有比我们更弱的队”这个事实。不过，我丝毫没有放弃的想法。而且，4年前在巴西流下的眼泪，一定要在俄罗斯化为欢笑。我是国脚，又是球迷，更是韩国公民，我不想在俄罗斯留下与4年前同样的遗憾和悔恨。找到了国家队视频分析教练组的联系方式，我得跟他们要一些同组对手们的比赛资料。

25

伦敦日常 II

SON

7

我从 2019 年年初开始，参与拍摄了 tvN 电视台的纪录片。这并不是随意做出的决定，毕竟纪录片的拍摄不止一两个小时就能弄完的事情。三天一赛的赛程一旦启动，根本没时间做别的事。但最终我还是下定决心要拍这部纪录片，因为它能真实地记录我的一切。我想通过琐碎日常中的点滴，让大家看到我为了能在英超生存和竞争所倾注的心血，同时也想提升大家对足球的关注度。我更希望这部纪录片的主角不是我，而是足球本身。如果这部纪录片能激发孩子们踢球的兴趣，激发父母让子女走上球场的欲望，也就实现了我拍摄纪录片的最大愿望。

众所周知，目前足球在韩国不断升温。我记得（奇）诚庸哥说过“有球迷的时候更要好好珍惜”，所以现在的我更应该做些力所能及的事情，让更多的人喜欢上足球。我时常想，如果韩国也能像英国一样，大家都视主队为生命，昼夜关注，那该多好！如果在韩国也能看到，全家人每逢周末穿着整齐划一的球衣前往球场的景象，该有多幸福！为了促使这样的足球文化尽快在韩国生根发芽，我也想尽一份绵薄之力，所以决定拍摄纪录片对我来说可是很宏伟的工程。

我刚到伦敦的时候，热刺队的主场还是白鹿巷球场。这座球场的历史可以追溯到 1899 年，据说在站票时代最多涌入过 75038 人。后来出于安全考虑，20 世纪 70 年代以后陆续把四周看台改为坐席，我加盟时这里最多能容纳 3.62 万人。相比于能容纳 90000 人的英格兰国家队主场温布利球场 9 万和坐得下 7.6 万人的曼联主场老特拉福德球场等，球场规模小了很多。

2019 年 4 月，俱乐部迈出历史性的一步——在白鹿巷球场原址上改建的托特纳姆热刺大球场正式启用。列维主席主导的这个项目极大地鼓舞了队员，因为这象征着热刺要成为豪门俱乐部的愿景和野心。

经过两年左右租借温布利球场特殊时期，我们终于在 2019 年 4 月 3 日迎来了新球场落成后的首场正式比赛——那是一场对阵水晶宫的英超联，入场时我激动得全身都是鸡皮疙瘩。热刺球迷本就以狂热著称，白鹿巷的沉浸感恐怕在英超的任何球队主场都很难体验到。而新球场给我的感觉，就是将白鹿巷的热情原封不动地翻了整整一倍。呐喊声震耳欲聋，6.2 万人的热情真切地传递到了球员身上。这绝对是一座世界最顶级的足球场！

即使在没有比赛的时候，光临托特纳姆热刺大球场，也能随时体验到俱乐部提供的参观博物馆和球场服务，还可以逛一逛我心目中欧洲最大也最帅气漂亮的俱乐部官方商店。其实平日更合适游览官方商店，因为比赛日顾客实在太多，光是排队进店都要花费不少时间。

除了不容错过的托特纳姆热刺大球场看，伦敦还有很多值得打卡的地方。说实话，我这个“宅男”伦敦还有太多我没去过的地方，即使是出门，我也总习惯那些常去的地方。我平常出门一般只有两件事，与家人、亲戚、朋友吃饭，或是逛街。一家人外出就餐的地方也是市区固定的韩式餐厅，这家可是我们全家试吃好多家之后，一致同意定点用餐的地方，所以味道我可以拍胸脯保证。这家店韩菜很地道，尤其是肉质特别上乘，男人嘛，下馆子不就冲着肉吗！另外，这家店的位置不错，坐落在伦敦市区，旅游途中去吃一顿应该很方便。

以前哥哥带朋友们（也是我的自家人）来伦敦时，一起去看过伦敦眼。事实上，我当时也是第一次去，朋友们抱怨说：“喂，竟然最后成了我们带你逛伦敦，这像话吗？”没辙，谁让我是宅男呢。

对了，海德公园也很漂亮。到了冬天，那里会开放户外溜冰场。路过时放眼望去，真的如童话世界般美轮美奂，在英国庭院特有的浪漫氛围中，闪闪发光的冰面像极了一颗浪漫的水晶球——就是摇一摇里面会“下雪”的那种。各位俊男靓女来到这里，绝对能收获美好的爱情。至于我自己嘛，还是等退役以后再说吧……

我一直都对汽车和服装很感兴趣。在我还是小不点儿的时候，就能对来来往往的汽车品牌和车型如数家珍。自从在汉堡的职业生涯首季置办了人生第一辆车后，到现在我已经开过不少心仪的汽车，但平时上下班还是驾驶相对低调的奔驰轿车。来到伦敦后，和融入英超一样，我也在开车方面下了不少功夫。英国车是右舵靠左行驶，和韩国车刚好相反。而且伦敦的道路狭窄蜿蜒，多是那种即使想超速也没有机会的羊肠小道。在我适应右舵汽车之前，前后保险杠几乎没有完好无损的时候。行驶在狭窄的双向两车道上，为躲避对面车辆，在马路牙子上这里磕一下那里碰一下时常有的事，保险杠也因此受尽了折磨。

现在我在伦敦已经能很熟练地开车了。不过熟练归熟练，即使到现在，也依然有很多交通情况是我这个韩国人无法理解的。有一回上班途中高速公路堵车，结果训练迟到了，原来是交警为了处理小事故，把事发地周围所有道路都封上了。最起码得开放一条车道吧？球员迟到可是要扣钱的！当时我还心想要坏事了，结果到了俱乐部基地才发现，队友们也都迟到了。法不责众，那天躲过一劫。

去购物的话，我一般都坐优步（UBER）网约车。刚来这里的时候不知深浅，曾经打了一辆伦敦标志性的黑色出租车，结果被车费吓了一跳。后来学乖了，尤其需要前往市区不好停车的地方时，我们全家都用优步打车。我购物的主要目标是时装，研究时尚穿搭也是我最好的解压方法之一。每每惬意地斜靠在沙发上摆弄手机，无非在做两件事情，要么刷足球视频，要么就在搜索时尚单品。

（柳）俊烈哥介绍的造型师李慧英室长是我的时尚导师。自从认识慧英姐后，我的穿衣风格发生了很大变化，这一点大家从我的便装照中就能觉察出来。首先，连帽衫在我的日常生活中消失了，以前回国时我大多穿着连帽衫，一看就像是运动员，现在这样的感觉应该淡了很多。慧英姐的目标是“打造一个看上去不像足球运动员的孙兴慜”，听上去可能有点儿怪怪的，但这正合我意。

虽说喜欢购物，其实也不经常去，一个月能有一次就不错了。不久前慧英姐为我拍摄画报的工作专程来到伦敦，带我尽情逛了一次。可能因为那段时间赛程紧凑，无形中积累了不少压力。虽然只逛了两个来小时左右，但逛逛街透透气，简直太幸福了。出租车上慧英姐突然尖叫，拿起手机说：“兴慜啊，快看这个，AMI（译者注：法国服装品牌）官方社交媒体账号上传了你的照片。”她开心极了，说她第一次遇到这种事儿。当然我也很高兴，倒不是因为照片，而是能让自家人因我感到幸福，才是最值得欣慰之处。

说实话，我没有多少朋友。高中一年级就背井离乡来到国外，平常能接触的圈子也十分有限，想要交个朋友很不容易。足球圈的朋友虽然很多，但大家各忙各的，彼此又远隔千里，想要加深感情没有想象中那般简单。外界还以为我和演艺圈的人很熟，其实并非如此。有不少点头之交，但可以称之为“朋友”的亲密关系屈指可数。这主要是因为我的生活方式——人在异国他乡，一年到头满打满算只能休息两三个星期。能和我这样的人亲近的方法真不多，只能通过线上联系，但又有时差的不便。偶尔有熟人来到伦敦，由于训练和比赛日程的安排，我也很难腾出时间与他们见面。说来说去，在成为好朋友的条件中，我能满足到的真没有多少。

有时也会想念朋友。我也是肉体凡胎，会感到疲惫，会觉得孤独。不过以我的个性，不会把“累”挂在嘴边。因为说累会让你变得更累，而且听的人也跟着受罪。我最不愿做的，就是让身边人受罪，给他们添乱。尤其在父母面前，我绝不会流露出消沉的一面。为了照顾我一个人，老两口一起被“拴”在欧洲，当着他们的面发牢骚可是天大的不孝。我认为，朋友就是可以倾诉“累”的对象。到现在为止，倾听我抱怨最多的人就是我哥哥。我哥哥说话真的很逗，不管我瞎嘟囔什么，他总能风趣地回怼过来，瞬间化开我的心结。从小和我一起玩耍、一起捱过残酷训练的哥哥，是我人生中离不开的朋友和靠山。

偶尔我也会展望退役后的生活。不是未雨绸缪，而是想尝试一些从未做过的琐碎小事。最想体验一把的，说来大家可能不信，是在韩国吃着炸鸡喝着啤酒看欧冠直播。晚上定好闹钟早早上床睡觉，在比赛开始前起床，用手机点一份“炸鸡啤酒”的外卖。舒服地靠在沙发上，吃着美味的炸鸡，喝着劲爽的啤酒看欧冠——那种感觉应该很惬意吧。那时已经退役的我不用再准备训练和比赛，可以尽情地观看我最喜欢的足球比赛。看那些比我小很多的晚辈们踢欧冠，一定很有趣，还可能不时发出一句“嗯，和以前我踢球的时候大不一样了啊”之类的感慨。如果和心爱的妻子一起看，可能更有意思吧。不过话说回来，她会不会喜欢足球啊……

足球控

我的故事 05

除了踢球

我别无所好

因为要在赛场上倾尽所有

所以平时就算无聊也会宅在家里养精蓄锐

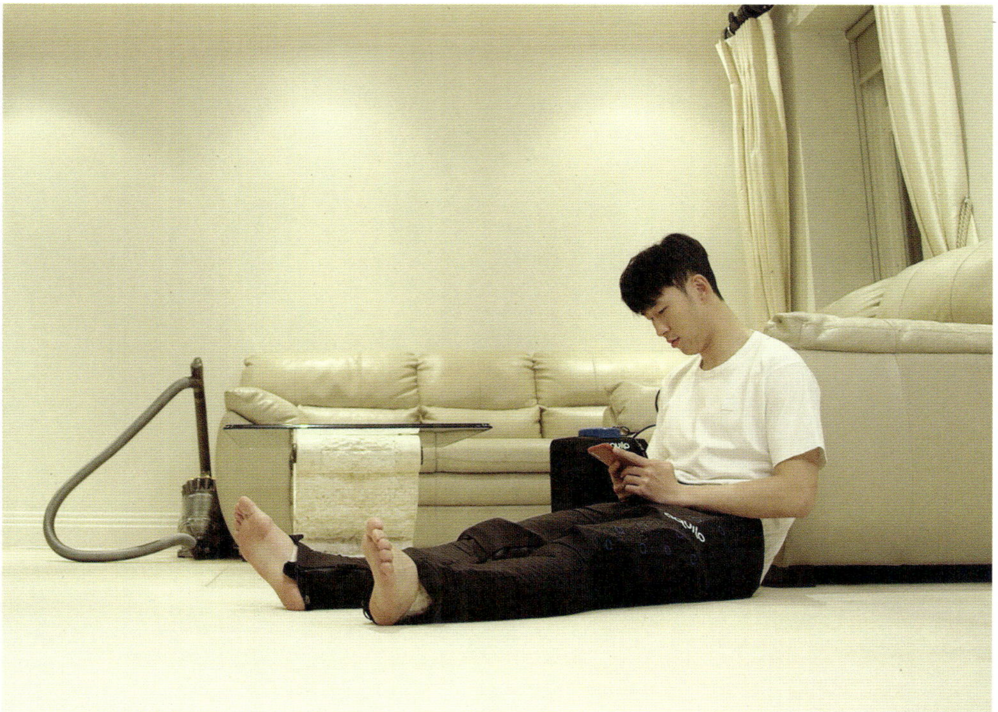

我从来没有

把足球当做一项工作

对足球的爱

让我会心一笑

希望小伙伴们

能享受足球带来的乐趣

我们队一直都在享受足球的快乐
但又比任何球队都讨厌输球

26

长　传

SON

7

2018 年的新年第一球至今难忘，对手是西汉姆联队。这家明明位于伦敦东部，却称为西汉姆（译者注：与更靠东边的东汉姆相对应的地区名称）的足球俱乐部，和阿森纳、切尔西一样，是热刺的大伦敦德比对手。这里的球迷以疯热和暴力闻名，以足球流氓为题材的电影《格林街流氓》的原型正是西汉姆联队死忠。

主场作战的我们占据了明显优势，但久攻不下，反倒在下半场第 25 分钟先失一球。看到客队球迷的气势如虹，我心里很不是滋味。下半场第 39 分钟，我用右脚轰出超远世界波扳平比分。刚好球门后面是客队球迷席，于是我慢慢跑向那边，把手指放在嘴唇上做出了噤声手势，顿时骂声四起。

其实我也很清楚，在德比战中应该禁用此类庆祝动作。不过我得“讨债”，大概两个月前，一名西汉姆联队的球迷让我经历了很不愉快的事情（译者注：这名球迷用 DVD 来嘲讽孙兴慜，而 DVD 是英国人对亚洲人的一种歧视用语）。我觉得这个庆祝动作没有必要非得去解释，因为西汉姆联队的球迷应该和我一样清楚。

2017/2018 赛季我刷新了另一项纪录——成为职业球员以后，第一次单赛季出战 50 场以上的比赛，准确来讲是 53 场。比赛场次多，意味着球队和我在各项赛事中都做得非常好，所以我也为此颇感自豪。这个赛季，我一共打进了 18 个进球，并有 11 次助攻。

赛季结束后，根本无暇考虑度假。因为 2018 年夏天的重头戏——俄罗斯世界杯迫在眉睫。世界杯，是足球运动员存在的理由。确定参加俄罗斯世界杯决赛阶段比赛后，回到热刺征战英超，我经常设想世界杯的样子。4 年前的巴西世界杯，我哭得一塌糊涂；最近的世预赛亚洲区 12 强赛，我又体验到了什么是筋疲力尽。作为一名国脚，我已然充分感受到了跌到人生谷底的滋味，这次，无论如何都想更进一步，让韩国在世界杯舞台上留下更深刻、更自信的印象。

与此同时，心里惴惴不安，在巴西我就深刻地领教了世界杯是多么残酷的舞台。那时的我信心爆棚，在勒沃库森站稳主力位置，德甲乃至英超豪门纷纷递来橄榄枝。这些让我这个初生牛犊目空一切，自命不凡地认为世界杯不过如此。但随着世界杯小组赛一场场失利，冲天豪气被打得七零八落。和比利时的最后一场小组赛结束后，内心的狂妄自大被洗刷干净，留给我的只有冰冷的现实。

在世界杯我们是最弱的球队——这就是无情的事实。我们输球理所当然，赢球是反常，是爆冷门。我不是在鼓吹“反正都会输，不要有期待”的悲观主义，我想说的是，既然韩国是最弱的球队，就必须得拼命，必须倾尽所有。自信？霸气？仅有这些远远不够，登场的 11 个人都要比对手多跑一两步，倾尽所有的能量。终场哨吹响时，身体里不能遗留一点一滴能量，压根儿就不能有赛后还想自己走出赛场的想法。

韩国足球赖以成名的斗魂？别开玩笑了，世界杯没有缺乏斗志的球队，没有一个球队不比我们斗志旺盛。从狂妄自大到胆怯畏惧，这些我都经历过。在一些后辈身上看到和 4 年前的我一样什么都不懂的影子，也会严厉地提醒他们，世界杯比想象中还要艰难险恶。作为经历巴西世界杯的“老将”，我迫切地想好好引领第一次参加世界杯的后辈们，在俄罗斯全力以赴，做到不留遗憾和悔恨。不过正是因为经历过世界杯，我心底还是诚惶诚恐。

备战世界杯的最后阶段，杂音不绝于耳，焦虑感也因此加重了。出征仪式当天的热身赛中 1 ： 3 输给波黑，在奥地利进行的两场热身赛同样没有给我们带来希望。球队的自信心最终还是来自于比赛，但我们失败了。媒体连篇累牍地发出质疑的声音，申台龙主教练的发言也受到吹毛求疵般的苛责。自从社交网络融入人们的生活以后，微末之事常常会引发轩然大波。正当举国上下齐心协力剑指世界杯时，却在开赛之前后院起火，严重动摇了军心。

世界杯小组赛首战，面对瑞典队我们未能取得理想的结果。一些事后诸葛亮认为，如果我们更加积极地攻出去，有可能拿下对手。那只是理想化的假设，以韩国队的实力，在世界杯就应该打防守反击。所以无论教练组制定战术，还是球员内部开会，都按照这个思路做准备。比起好看的攻势足球，我们务实地选择了更侧重结果的防反战术。虽然最终还是 0 ： 1 输球，但我不认为球队的表现差劲到被群起而攻之。当然，作为前锋未能给球队进攻带来更多活力，我的确负有不可推卸的责任。不过也得承认对手的实力差距，即使兹拉坦 · 伊布拉西莫维奇退出了瑞典国家队，但瑞典队不仅在世界杯欧洲区预选赛让法国尝到了唯一败绩，还一路淘汰了荷兰、意大利等超级强队晋级决赛圈，在俄罗斯，他们最终打入了八强。

小组赛第二轮对阵墨西哥，我们以1 ：2再度告负。终场哨响起的瞬间，我觉得天旋地转，感觉对不起所有人。我无颜抬头面对独自承受队长袖标重量的诚庸哥，也对不住拼尽了全力的队友们，更是愧对因为被判点球成为罪人的（金）敃友哥和（张）贤秀哥。在场上尽力强忍的眼泪，还是在接受采访时流了下来。回到更衣室，看着浑身汗水、垂头丧气的队友们，我心如刀绞，泪水终于还是从眼眶中决堤而出。世界杯前，也不是没有想到过这样的结局，但真正面对失败，还是无比难受。输球的苦涩，拼尽全力却难阻失利的委屈，应该拼命再多跑一步的遗憾，交织在一起如同万箭穿心。文在寅总统进来安慰队友的时候，我其实已经魂不守舍了。前两场的失利把我们逼到绝境，不过这或许成为最后一场导演奇迹时刻的动力。

接下来的几天，备战与德国队的最后一场小组赛时，球队内部激发起一股不甘的情绪，“我们不能就这样回去！”也许会被卫冕冠军打得遍体鳞伤，但我们已经没有选择。如果横竖都是死，那还不如选择站着死。比赛当天吃早餐的时候，我真诚地祈祷：“希望能有11名足球之神下凡，帮我们战胜德国。”没有一点玩笑的成分，我当时的心里就是如此恳切。

前往喀山竞技场的大巴车上，满是沉重肃穆的氛围。这让我再次想起了战场——载着军人上战场的运兵车里应该就是这种气氛吧？没有人说话，安静的车内能清晰地听见发动机运转和轮胎摩擦地面的声音。抵达赛场后，想到反正是背水一战，紧张感逐步缓和。热身的时候看了一眼德国队那边，有很多熟悉的面孔。有意思的是，他们也和我们一样，一副紧张的表情。想来也是，前两轮德国1胜1负只积3分，也是被逼到只有末轮战胜我们才能晋级16强的地步。在更衣室，全队上下围在一起准备入场，我告诉了同伴们这个情况：“德国队那帮人比我们还紧张呢。”最后全队上下再次统一了想法，首先做到我们能做的一切，然后坦然接受结果。全队上下就抱着这两个想法，昂首走进赛场，穿着红色球衣的球迷和迎风飘扬的太极旗瞬间映入眼帘。

下半场补时阶段，（金）英权哥的进球逼得德国队全体压上，门将诺伊尔也弃门跑到我们半场。而当（朱）世钟哥随后断下诺伊尔的脚下球，大脚长传向前场时，我看着从头顶飞过去的足球，第一个感觉是“传大了”。尽管体能已经完全枯竭，双脚像灌铅一样，还是本能地追着球跑起来。皮球从草坪上弹起稍微延缓了速度，但感觉还是很难追上。管它呢，先追再说！拼了吃奶的劲跑着跑着，皮球在眼中越变越大，和我的距离越来越缩小。是早餐时的祈祷灵验了吗？我现在怎么还能跑得动？直接踢？停一脚再踢？左脚？右脚？空门不进怎么办？各种想法在脑海中像小鹿般乱撞的时候，我追上了球，还是选择谨慎地用左脚轻推，球进！“如果那个球打偏了，你该怎么办啊？”直到现在朋友们不时笑着调侃起那个球，还会替我大呼侥幸。

进球的瞬间，我以为我们晋级16强了，因为我觉得墨西哥应该能拿下瑞典。那样的话，瑞典、德国、韩国都是3分，而我们在净胜球上占优。终场哨响起，我们赢了！在世界杯赛上战胜了全主力出战的德国队！脚下的绿草、头顶的蓝天、挥舞的太极旗、回荡的队歌声，所有的一切如梦幻般缱绻着我们。但没过多久，让人难以置信的消息传来了。和我们的期待相反，墨西哥0 ：3完败给瑞典。大失所望，令人丧气，刚刚还如潮般上涌的多巴胺又飞速退去。都闯下了扳倒世界冠军的历史

vivo
FIFA.com

性“大祸”，还得打包回家啊？我们很想继续享受世界杯，但也只能到此为止了。

从世预赛亚洲区 12 强赛，到俄罗斯世界杯与德国队的比赛终场哨声响起为止，韩国队一直顶着巨大的压力，其间的艰难用“惨烈”来形容也不为过。在与德国队的比赛开打前，（张）贤秀哥甚至主动找到主教练，说他上场会对球队产生副作用，拜托主教练将他排除在出场名单之外。一生鲜有机会体验的世界杯舞台上，球员主动要求弃赛的心情到底有多绝望，我想外界谁都不可能理解。（金）英权哥用布满手术疤痕的身体为国家队尽责尽力，却因为一个小失误受到全网攻击。我们很清楚，身为韩国国脚，要承担的责任是什么，要做出的牺牲有多大。不过即使知道这一点，受指责时还是会心痛。回国后在机场的代表团解散仪式上，还有人向我们扔鸡蛋。难道大家对我们的要求是每隔 4 年都要打进世界杯八强或者四强吗？

战胜卫冕冠军德国队，让我明白了一个道理。我们非常棒，虽然我们是来自亚洲的弱旅，但没有必要妄自菲薄。尽管没能进入 16 强，但我们完成了另一个伟大目标——在比赛结束后不留任何遗憾。而且，比起恶评和鸡蛋，给予掌声和鼓励的球迷更多。在两连败的绝望中，在面对卫冕冠军的绝望中，还有那么多球迷来到喀山，和我们同甘共苦，为“弱旅”韩国队加油助威，给我们高唱“为了胜利”（译者注：红魔啦啦队助威歌曲）。而在韩国，在世界各地，和我们心心相连的球迷想来会比这更多。

感谢支持我们的家人和同胞。在赛场、训练场、光化门广场，以及世界各地在电视机前与我们一起战斗的全体球迷，战胜德国队的荣光属于你们。

27

团　　队

SON

7

参加 2011 年卡塔尔亚洲杯时，我迎来了国家队的第一个室友（朴）智星哥。一觉醒来，和 2002 年世界杯的英雄同住一屋，简直是不可思议的“撞大运”事件。在那之前，智星哥是我只能在电视画面上看到的超级明星，和在汉堡俱乐部第一次见到鲁德 · 范尼斯特鲁伊时一样，让我激动万分又不知如何是好，连想要跟他多亲近一些的念头都不敢有。智星哥讲了很多让我这个小毛孩受益匪浅的金玉良言，与巨星同宿的这段经历也成了我足球人生中难忘的美好回忆。时光流逝，我分别经历了两届世界杯和亚洲杯。2018 年夏天，我被选为超龄球员参加 2018 雅加达亚运会。智星哥当年送我的礼物，轮到我来传递给后辈们。

因为亚运会不是国际足联旗下的官方赛事，俱乐部不受国际足联的球员抽调规定限制，球员必须得到俱乐部的同意才能参赛。2018/2019 赛季，韩国队的赛事很多，除了赛季前 6 月举行的俄罗斯世界杯，还有

8 月的亚运会和来年 1 月的亚洲杯两项重要赛事。而 9 月到 11 月，每个月又都有国际足联 A 级比赛日。加上亚运会的赛程和英超开局阶段的赛程冲突，俱乐部就我参加亚运会的事情召开了好几次内部会议。

幸运的是，韩国足协和热刺俱乐部的协商进行得很顺利。俱乐部方面为我参加亚运会大开绿灯，韩国足协则在 11 月国际 A 级比赛日和来年亚洲杯的抽调上做了让步。继 2016 年里约奥运会之后，热刺这次也充分体谅了韩国足球的特殊性和我的个人情况。作为回报，我也答应了与俱乐部续约到 2023 年的要求。借此机会，也再次感谢我的两位恩师——决定征召我入队的韩国亚运会足球代表队主教练金鹤范，以及慷慨允许我参加亚运会、并鼓励我"一定要拿金牌回来"的热刺主教练波切蒂诺。

2018 年的夏天，我的旅程从韩国开始，途经奥地利、俄罗斯、韩国、英国、美国、英国，一直延续到印度尼西亚。看到为我梳理飞行轨迹的媒体报道，我才真切地感受到"确实转了不少地方"。问我累不累？当然。只要坐过一次航程 10 个小时以上的航班，就会知道长途飞行有多累。我并不想把长途飞行作为状态下滑的借口，对于在欧洲踢球的其他外援来讲，类似的长途飞行早已是家常便饭。梅西、内马尔、苏亚雷斯、桑切斯等南美球星也要往返于欧美两洲之间，我可没听说他们为此抱怨过疲惫。

要想在代表世界最高水平的欧洲五大联赛踢球，就得把这样的折腾当成荣誉。从我离开韩国到汉堡独自生活至今，我这个观点从来没改变。想到在欧洲踢球却难觅机会的球员很多，旅欧成功的球员中，想要为国效力甘愿如此折腾的球员也不少。所以我真的很荣幸能有机会承受这么多的比赛。

抵达印度尼西亚万隆的第一天，我就加入了球队训练。金鹤范主教练把队长臂章交给我，虽然还没想过当队长，但我并没有推辞。身为超龄球员，不管是不是队长，都要尽到以身作则带领后辈的责任。为了尽快和队友们打成一片，吃饭和大部分闲暇时间我都在和后辈聊天。一个球队要想取得好成绩，最重要的是从场外开始就凝聚为“一个团队”。

无论哪类大赛，争冠都是殊为不易的事。特别是亚运会冠军还有免除兵役的附加奖励，这既是强大的动力，又是巨大的负担。如果不能获得金牌或者表现出必胜的斗志，就会受到舆论超乎想象的批评和指责。我特意向后辈们强调了平常心的重要性，要学会在积极面对压力的同时享受比赛，这也是职业球员的基本素养。从年龄上来讲，二十二三岁的球员已经不是孩子了，其中大部分球员已经在职业联赛中竞争主力位置，不能一味地哄着他们踢球，而要告诉他们职业球员职责所在，取得成绩后享受喜悦，反过来失利的时候也要以职业态度坦然面对一切。

E 组的第一场比赛，我们 6 ： 0 大胜巴林，取得开门红。通常情况下，任何比赛都会遭遇坎坷，而这次来得比预期的还早。在第二场比赛中，我们出乎意料地以 1 ： 2 输给马来西亚队。赛前我就跟后辈们说过，就像德国在世界杯上被韩国击败一样，在亚运会上我们也有可能被弱队打败，没想到一语成谶。对方的密集防守绝对不能成为借口，这场失败就是因为我们打得太差，就是因为我们自身表现不佳，让韩国足球遭受了奇耻大辱。

这场失利后的媒体反应可想而知。虽然一再嘱咐后辈们大赛期间上网要克制，但我还是能感受到外界舆论给球队内部带来的影响。好在这事发生在尚有挽回余地的小组赛上，实属万幸。小组赛最后一场，我们 1 ： 0 战胜吉尔吉斯斯坦，晋级 16 强。更大的收获是后辈们从失利的阴影中走出来，把耻辱转换为前进的动力。与此相比，我打进的决胜球一点都不重要。

备战与伊朗的 16 强战时，我又对后辈们放了些狠话，因为有些球员看上去并没有摆正参加淘汰赛的心态。淘汰赛阶段，个人小小的失误都会给整个球队造成致命的伤害，必须把每场比赛都当作决赛来认真对待。还好后辈们知道忠言逆耳，我的唠叨收到了成效。

2 ： 0 完胜伊朗队后，我们在 8 强战遭遇乌兹别克斯坦。这场强强对话，我认为应该是那届亚运会足球项目中最精彩的一场比赛。开场不久，亚运会上状态火热的黄义助先拔头筹。但 U23 亚洲杯新科冠军乌兹别克斯坦实力强劲，到了下半场第 10 分钟，我们反倒 2 ： 3 落后选手。下半场第 31 分钟，足球之神帮了个忙。对方的防守球员出球时犯下低级失误，我趁机助攻黄义助扳平比分，把比赛拖入加时赛。

加时赛，对手在被罚下一人的情况下，依然斗志昂扬地坚持到最后。当时我心想绝对不能踢点球大战，因为我不愿把冲冠的努力交给运气来左右。我们的进攻终于换来改写比分的机会，比赛第 117 分钟，对方球员在禁区内拉倒黄义助，被判以极刑。主教练赛前钦定的点球手是我，但黄喜灿过来说他想主罚这个点球。喜灿是本届大赛韩国队内受到媒体指责最多的球员，内心自然也最为煎熬。看到他充满信心的样子，我就做主把点球机会交给他。不过我实在不敢面对点球场面，转过身捂住脸虔诚地做着祈祷——为了黄喜灿，也为了全队。没多久，身后突然爆发出巨大的欢呼声，我砖头定睛一看，黄喜灿正在尽情庆祝。比赛结束后，我向一起战斗的队友真诚地说了声谢谢。谢谢他们没有厌烦我扮演的刻薄的婆婆角色，我们齐心协力向冠军又迈进了一步。

半决赛我们以 3 ： 1 战胜朴恒绪主教练挂帅的越南队，成功晋级决

拿到了人生第一枚金牌

我为展示出渴望胜利的斗志和献身精神的后辈们

真心感到骄傲和自豪

赛。全队坚决地贯彻了赛前“专注于今天这场比赛”的思想，面对越南队没有半分掉以轻心。随着亚运会赛程的推进，我越来越为这群后辈感到骄傲和自豪。还从来没有哪一个大赛，能让我像这样折返于天堂地狱之间。但渡过了重重难关之后，我们真正成为一个完美的“团队”——不仅战胜了对手，也战胜了炎热的天气和深夜还要承受汽车噪音折磨的环境。每个人都为了团队的胜利不计个人得失，身材瘦小的金文焕和金振冶在防守端奋不顾身，更是让人动容。

决赛中，日本队很好地展现出没有超龄球员照样杀入决赛的实力。虽然我们的场上优势比较明显，但 90 分钟内一直没能攻破日本队的大门，最终不得不进入加时赛。加时赛上半场，我带球内切时蹚大了一点。只听李昇祐大喊：“我来！我来！”他抢在我前面起脚怒射，终于打开了局面。这小子的血管里，好像真的流淌着韩日战必胜的血液。加时赛下半场，黄喜灿高高跃起将我开出的角球顶进球门。直到那时我才知道，原来喜灿能跳这么高。虽然日本队终场前扳回一球，但未能阻挡我们求胜的意志。2 ∶ 1 的比分保持到比赛结束，韩国队连续两届亚运会成为男足金牌得主。

从终场哨响一直到颁奖结束，我感觉像在云端行走。挂在脖子上的亚运会金牌沉甸甸的，我的人生履历上第一次刻下了“冠军”二字。真是做梦也没想到，我今生会有捧着金牌聆听国歌奏响的这一天。而亚运会金牌的价值，更是难以用金钱来衡量。它让我懂得了团队精神的价值，也让我重新找回为国家队利益而不求个人回报的初心。虽然我也享受了亚运会金牌带来的福利，但更让我欣慰的是，自己能为了拓宽后辈们的足球道路做出一点贡献。

亚运会结束后，我叮嘱后辈们不要满足于这次的成就。出众的能力插上了免服兵役的翅膀，希望他们未来能挑战更大的舞台，用更优异的成绩回报国家和人民给予的恩泽，也希望他们不是以2018年亚运会的冠军成员被人提及，而是以书写韩国足球新篇章的“黄金一代”名留青史。

2018年6月是幸福的篇章，8月是灿烂的篇章。

28

歧　　路

SON

7

有件事情我必须坦白。亚运会结束后回国当天，球员们一起吃了顿晚饭，这是我们回归各自俱乐部之前的散伙饭。包括我在内的几名球员，第二天就要前往坡州训练基地，向新上任的国家队主教练保罗·本托报到。虽然大家处于赛季期内，但这样的场合肯定无酒不成席的。在印度尼西亚，我和一起往返于天堂和地狱、齐心协力获得金牌的战友之间感情已经很深厚了，直到深夜才依依惜别。我在首尔的姨妈家睡了一觉，第二天在前往坡州基地的路上，我接到了父亲的电话。刚一接通，电话里就传来火冒三丈的斥责声。

“去见国家队新主教练的前一天喝酒，你脑子进水了吗？你要是再这样胡闹，我们还是各走各的路吧。你爸不管是去北极还是去南极，养活自己没问题！你就别操心了。”

父亲性烈如火已经不是一两天的事了，但他从来没有把话说得这么狠。这大概也是我懂事后，被训得最厉害的一次。对国家队新任主教练的礼节很重要，但父亲想要表达更多的信息，似乎是提醒我不要因为拿了金牌就忘乎所以。像这样，每次我取得一点成就的时候，父亲总是用他的方式给我发热的大脑里注入新鲜的冷空气——不要骄傲、要时刻谦逊，反之也不能妄自菲薄。我对着手机苦苦告饶，再三保证不会再有下一次。就这样，我开始了“本托号”的第一天生活。

2018/2019 赛季，每次我从国家队回到俱乐部时，都会带着特别的礼物。从俄罗斯世界杯带回来的礼物是“战胜德国队”。俱乐部的工作人员见到我个个笑逐颜开，喜悦之情溢于言表。鉴于历史恩怨，英国人最开心的事情，就是见到德国足球失利。韩国队战胜德国队，直接将德国队淘汰出局，让英国上下喜大普奔，甚至比后来英格兰队打进世界杯 4 强时还要高兴。战胜德国队不仅让韩国球迷高兴，还能让英国、墨西哥、巴西人也如此开心，足球的世界真是奇妙。

亚运会归来时的礼物自然是一枚沉甸甸的金牌。俱乐部特意事先通知我，报到的时候一定要带着金牌。俱乐部的摄像团队早早就在停车场等着我，每个人都用最热烈的掌声迎接我，争着要看一眼金牌。和韩国一样，托特纳姆热刺俱乐部也早已成为我温暖的家。

重返伦敦，比起何时斩获赛季首球，我的当务之急是调整状态。亚运会、国家队热身赛、长途飞行等都消耗了我太多能量，而归队后英超、欧冠、英联杯等大小赛事接踵而至，一直是一周三赛的高强度赛程。此般情况下，即使再好好休息调整，再用心管理身体，也很难保持最佳状态。

包括国家队和俱乐部，我 8 月出战 6 场比赛，9 月更是踢了 8 场，10 月又踢了 6 场，11 月国际比赛日前，我又有 3 次出场。看到 ESPN

对我 5 月到 9 月行动轨迹的统计，自己也被吓了一跳。107 天内往返三个大洲，先后 10 次穿越国境，飞行距离达到 76766 公里，几乎相当于绕赤道飞了两圈！

不能否认长途飞行是很疲惫的事情，人毕竟不是铁打的。10 月在打完和巴拿马的友谊赛后接受采访时，我第一次直言“有点累”。但这绝对没有“不想踢”的意思，因为场次太多产生的疲惫，不仅对我，对所有球员来说都是幸福的苦恼。

按照当初韩国足协和热刺达成的协议，我没有参加 11 月韩国队出战的澳大利亚客场比赛。两个星期的养精蓄锐让我满血复活。这个国际比赛日之后，我在与切尔西的比赛中首发出场，不仅收获了新赛季首粒联赛进球，更是帮助球队 3 ： 1 打破了对手的不败金身。当时我从中圈开始带球，顶住若日尼奥的跟防，突入禁区后晃过上前封堵的大卫 · 路易斯，起左脚低射破门！这个贯穿 50 米的一条龙式进球，还幸运地被选为英超“11 月最佳进球”。从这时起，我才有了 2018/2019 赛季正式开始的感觉。能在英超最密集的圣诞赛程开始之前找回状态，真有点吉星高照的感觉。

从 2018 年 12 月 3 日的北伦敦德比开始，到 2019 年 1 月 13 日与曼联的亚洲杯前最后一战，我在 40 天里踢了 14 场比赛。也就是说，3 天 1 场的赛程整整持续了 6 周。包括圣诞节前后对阵埃弗顿和伯恩茅斯的两场梅开二度，我在 12 月就攻入了 7 个球，得以在新年到来之前完成了赛季进球数上双的小目标。在 12 月 6 日对南安普顿的比赛中，我还迎来了职业生涯第 100 球的里程碑。所以尽管我身体很疲累，但每天都是精神饱满、战意盎然。

2019 年 1 月 14 日和曼联的比赛结束后，我从赛场直接前往机场，飞到阿联酋迪拜，与正在参加亚洲杯的国家队会合。本托主教练任命我为队长，我一开始还有些犹豫。因为见证了前辈队长为球队做出的牺牲，我早已明白这是多么艰巨的任务，要承受多大的压力。作为队长，不仅要以身作则，用场上表现为全队树立的榜样，带动队友。还要照顾全体球员，化解球队内部的负面情绪，让全队拧成一股绳。

踌躇之际，车杜里前辈的一席话点醒了我。“如果你推辞，势必有其他人要戴上队长袖标。连你都不敢做队长，想想他得承受多大的压力。说实话现在除了你，没人能挑得起这个重担。”说得没错，智星哥也好，诚庸哥也好，他们都没有以“太累”为借口，回避队长的责任。好吧，那我也抛却私心，像他们那样为国家队倾尽全部吧。

在我缺阵的情况下，队友们在亚洲杯前两场比赛中取得连胜，已经提前从小组出线。不过最后一场必须战胜中国队，才能锁定小组第一。因为小组第一在休息时间、赛地往返、对手选择等各方面优势很大，必须尽力得争取，毕竟我们的目标不仅仅是小组出线。无论在当地还是国内，我能否出战与中国队一役，成了国内外媒体热议的话题。刚和国家队会合就上场确实有些勉强，但我作为队长还是想在场上尽职尽责。而且我感觉自己状态也不差，所以比赛前一天，主教练询问我意见时，我给出了肯定答复：“我能上场，我想上场。”

就这样，我在和中国队的比赛中几乎踢满全场，制造点球并送出助攻，帮助球队 2 ∶ 0 取胜。小组赛三战全胜一球不失以头名出线，下一步就是如何有效地利用 6 天的休息时间。我已经过了第一道坎，只需往上冲就能到达目标。

问题是我的第一道坎迈得并不顺利，已经适应了三天一赛的身体在 6 天的备战时间里完全乱了套。先是倒时差出奇困难，用尽办法也睡不好觉。尽管尝试了包括调整训练强度在内的诸多努力，还是感觉体内的精气流失殆尽，越来越提不起精神。不过，当时队中伤病较多，诚庸哥和（李）在成小组赛第一场就已经受伤离队，我不能再称病叫苦。特别是诚庸哥的离队，对我来说是个很大的打击。这些年来，我已经把诚庸哥视为球队的主心骨，所以发自内心地希望他即使不能上场，也要留在队里养伤。而他的离队，让我一夜之间失去了依赖和唯一能共同承担队长臂章重量的队友。

16 强战对阵巴林，我的身体就像负重千斤似的不听使唤。明明球从眼前滑过，但脚下就是跟不上。脑海中想好了下一个动作，但真正拿到球后，动作却总是慢半拍。对手打反击的时候，前锋也要跟上去补位，但我的双腿像被钉在地上一样迈不开步子。睡觉时会出现“鬼压床”的情况——脑子很清醒，但身体却动弹不了。当天比赛中我就是这个状态。踢球这么多年还是第一次遇到这种的情况，心里喊着好好踢，但身体不听使唤，快把我急疯了。

雪上加霜的是，初当队长的责任感让我束手束脚。因为想着顾全大局，我在该射门的时候，也会下意识地寻找身边的队友，即使我处在更好的位置，也会选择传球。作为前锋，我在热刺有无限开火权；而作为队长，我在国家队就不能只顾着自己了。总想着团队利益为重，让我不由自主地陷入了“不能搞个人英雄主义，要为队友创造机会”的思路中。随着比赛的深入，我越来越畏手畏脚，也切身感悟到了智星哥和诚庸哥有多了不起。

时隔 59 年再度冲击亚洲王座的梦想，在八强战被卡塔尔击碎。我们在菲律宾、吉尔吉斯斯坦、中国、巴林身上取得四连胜后，最终以 0 ：1 输给卡塔尔。平心而论，就以比赛当天的表现来讲，卡塔尔其实是 5 个

2019 年亚洲杯
未能调整好状态
加上队长臂章的压力
让我身心俱疲

对手中表现最差的一个。这不是贬低卡塔尔，他们的亚洲杯冠军是实打实地踢出来的。但那场比赛的卡塔尔与平时完全不同，一开场就摆出了死守的态势，我们也能很明显地感受到他们对我们的恐惧。卡塔尔比我们预想中更消极，而我们当时就应该临场改变战术，让全队更加紧凑地给对方施压。不幸的是，在淘汰赛的巨大压力下，谁也不敢擅自做主。面对龟缩不出的球队，依旧按照赛前部署，固执地坚持倒脚寻找机会，反而影响了我们的进攻效率。这场比赛的失利，与其说是输给对手，不如说是我们作茧自缚，自己绊倒了自己。

这届亚洲杯给球队留下了一个很大的课题——我们在亚洲的对手和世界杯截然不同，必须找出攻破密集防守的方法。我也得尽快找到当队长的正确答案，不靠名气，而靠自身表现成为真正的韩国男足国家队队长。被压力和重负所累的亚洲杯之行已经让我付出了昂贵的代价，到了该克服压力、战胜心魔的时候。

29

意　　外

SON

7

2018/2019 赛季开始之前，我曾预计这个赛季会恐怕会异常艰难。俄罗斯之夏一晃而过，但摆脱世界杯鏖战的疲惫却需要很长时间。无论球员在世界杯上发挥得是好是坏，余波都会延续到新赛季。更棘手的是，2018 年 8 月的亚运会和第二年 1 月的亚洲杯都和英超联赛日程冲突，这也意味着我要在赛季中途两次长时间离队。英超球队内部竞争非常激烈，热刺一线队的队友大多具备了入选各自国家队的实力。稍有差池，你的主力位置竞争者就会排起长队。这样的压力，让入选国家队或者因伤缺阵的球员都会感到不安和紧张。而且辗转多地踢比赛，很难让身体保持最佳状态。要想克服长途飞行、时差、气候差异等因素带来的影响，真不是件容易的事情。这样的情况下，我能避免伤病袭扰坚持踢完整个赛季吗？可以肯定的是，自己会竭尽全力，但我将要面对的，很可能是出道以来最艰苦的赛季。

虽然被国家队两次抽调的时间都很长，但出乎意料的是，我回到英超后的适应调整比预期要容易得多。我认为，这要归功于俱乐部相较国家队的固有优势。在俱乐部，各方面都形成了约定俗成的规矩。谁踢哪个位置，该怎么跑位，这些在赛季前就做好了准备。而且大家每天一起相处、一起训练，默契程度自然比国家队要高。

波切蒂诺主教练入主热刺已经 5 年，他的战术理念和执教风格早已深植于这支球队。我到热刺业已 4 年，球队进攻线这些年几乎没有变化。球员之间互相配合的时间越长，就越有默契，也越能减少场上的无效跑动。球队在赛季中几乎不做战术训练，大家都知道各自的位置和职责，不用在演练或适应新战术上浪费时间。

从个人角度来讲，相比国家队，我在热刺踢球更自在。在国家队，身为队长要领导球队；而在热刺，我只需在自己的位置上专注于分内事就行。这不是韩国国家队和热刺队孰优孰劣的问题，是地球上所有的国家队和俱乐部之间普遍存在的一种差异。

参加亚运会比赛的感觉其实还好，我更担心的还是从亚洲杯回来之后如何找回正常的节奏。亚运会时英超还是赛季初期，但亚洲杯赛程恰好和关乎热刺全年收成的冲刺时段重合。那时热刺全队正开足马力，在英超、欧冠和足总杯上三线奋战。因此，为了征战亚洲杯暂时离队，让我对俱乐部备感愧疚。

感谢队友们的出色表现，让热刺在我归队时依旧处在英超争冠集团中，和曼城、利物浦形成三强争霸的局面。韩国队在亚洲杯不幸止步八强，但国家队的不幸对热刺来说却是好消息，正如足球圈里流传的“队友受伤是我的机会”那句戏谑一样——我比预期中提前返回伦敦。

因为热刺锋线上的凯恩和阿里双双因伤缺阵，我回队后根本无暇调整状态，就在与沃特福德的联赛中首发出场。幸运的是我进了球，帮助球队在主场全取3分。这个关键的进球，迅速把我从低迷不振中拉回来。此后便一发不可收拾，连续4场比赛都有斩获。尤其是对阵纽卡斯尔联队的比赛，我在第83分钟攻入全场唯一进球，为球队献上3分。虽然这不是我一个人的功劳，但能在争冠白热化的关键时刻起到决定性作用，让我感到非常开心。

和韩国队在各项大赛上的战绩一样，热刺的战绩对我来说也很重要。2018/2019赛季的两次转会期，热刺没有引进任何球员，成为英超历史上首支连续两个转会窗口都没有引援的球队。一帮青年近卫军能拧成一股绳，与每年都斥巨资引入巨星的曼城、利物浦争夺冠军，本身就是一个很了不起的成就。

2019年2月中旬，我们以5分之差紧追联赛领头羊，也因此受到英国各家媒体的吹捧，甚至被拿来与创造夺冠神话的莱斯特城相提并论。其实我们当时连个根据地都没有，为了筹建新球场，热刺已经连续两个赛季客居温布利大球场。有人可能觉得这没什么大不了，那只能说他不太懂足球。主场对球队的影响很大，温布利的设施再先进，毕竟不是我们自己的地盘，也无法再现之前白鹿巷球场的氛围。靠着租场地过日子的球队能跻身争冠集团，说是个“小奇迹”也不为过。所以，我们下半年的突然断电特别令人惋惜。

从联赛第27轮对阵伯恩利的比赛开始，我们一蹶不振，5场比赛1平4负，被竞争对手远远甩开。赛季尾声，甚至连欧冠门票都难保，幸亏竞争对手也不约而同地遭遇瓶颈，我们才得以保全欧洲精英俱乐部的颜面。另一边，曼城和利物浦那段时间爆发出强大后劲，连战连捷。说实话，我很羡慕这两支球队的阵容厚度，尤其是曼城豪华的替补席，只有让我咂舌的份儿。

我相信热刺也绝对有能力角逐英超之巅，无可挑剔的新球场充分展示了我们的野心。经历了漫长的等待后，我们终于在 2019 年 4 月 3 日入主新家——托特纳姆热刺大球场。重新听到热刺球迷阔别已久、震耳欲聋的呐喊声，我不禁浑身战栗。在具有历史意义的新球场首场比赛中，我成了在这里打进第一粒进球的幸运儿。更高兴的是，此役我们战胜水晶宫，终结了球队的颓势。不是每个球员都有机会在如此高规格的球场参赛，能获得全场 6 万名球迷热烈掌声的机会，更是少之又少。我能走到今天这步，真是吉星高照、荣幸之至。

赛季开始之前，我的愿望只是不受伤病困扰，平平安安打完这个赛季。没想到临近赛季结束时，居然拿了很多奖项。2 月末的“2019 伦敦足球颁奖典礼”上，我当选了“年度最佳球员”。这是以伦敦地区的 12 支球队旗下球员为对象评选出的奖项，虽然参选范围有限，但竞争者却非常强大。光看数据，排名比我靠前的人个个大名鼎鼎。我的队友凯恩、阿森纳的奥巴梅扬、切尔西的阿扎尔，这三名超级攻击手的进球都比我多。另一名队友埃里克森，也一如既往地展现出世界顶级水准。

让我不胜感激的是，评委们把票投给了我。这种“悖论”，或许只能在足球运动中出现。这项运动看似理性，实则感性。进球的精彩程度，和进球的数量同样重要。20 世纪 90 年代带领曼联开启鼎盛时代的埃里克 · 坎通纳完美阐释了这一点——他的个人数据并不显眼，但统计数据并不能诠释他的伟大。他在关键比赛中的进球、助攻和改变曼联球队气质的个人魅力，使他成为曼联近三十年最耀眼的传奇巨星。这个赛季我也创造过不断让人热血沸腾的场面，对阵切尔西时上演的单骑闯关，就是最具代表性的作品。我觉得能不断打动球迷，让他们感到快乐，才是

在新建的托特纳姆热刺体育场
打进具有历史意义的处子球
让我又是感激又热血沸腾

我获奖的深层原因。

赛季结束后，我又获得了“热刺年度最佳球员”和“热刺年度最佳进球”两个奖项。队友们亲自选出的“年度最佳球员”，是我心中分量最重的奖项。被媒体和球迷赞许的同时，还得到队友们的认可，让我很有成就感。深受感动的同时，因为在球队的紧要关头两度缺席，我又觉得受之有愧。

到底是什么原因促成了一个意外非凡的赛季呢？思来想去，我觉得首先应该归功于自己平日的严格自律。在长达 10 个月的赛季当中，足球是我生活的全部。每天结束训练回到家，就开始为第二天的训练做准备。为了在球场上展现最佳状态，场外会想方设法减少能量消耗。不仅在身体上，心理层面也是如此。之前我在接受英国媒体采访时说过“退役后才会结婚”，一度成了人们热议的话题。虽然也有很多如 C 罗和梅西这样的球员，能在组建家庭的同时保持最佳状态，但每个人与生俱来的能力不同——并非天赋异禀的我，只有把 24 小时全部倾注在足球上，才能保持如今的竞技状态。

其实踢好足球的方法很简单，那就是让足球成为自己生活的全部。伦敦也有很多诱惑，身为年轻、有钱又有闲的英超球员，只要我愿意，完全能过上奢华的生活。不过我早就决定要走另外一条路，所以无论何时也不会忘记自己该做什么不该做什么。我只想把最喜欢的足球踢好，为了提高竞技水平，我不会吝惜时间和金钱。是的，这样的生活枯燥乏味，甚至无聊透顶，但我心甘情愿。如果每个赛季都能冲击英超冠军，都能当选“年度最佳球员”，都能打进“年度最佳进球”，都能给球迷带来快乐，那么这种“每天 24 小时只有足球”的生活再无聊再枯燥，我也会欣然接受。如果能踢上欧冠决赛，哪怕做苦行僧我也心甘情愿。

30

视频助理裁判

SON

7

我的 2018/2019 赛季，可以用“无休止地奔跑”来概括。从俄罗斯世界杯开始，一直到欧冠决赛，我总共参加了 66 场比赛。如果算上欧冠决赛后紧接着的国家队比赛，应该是 68 场，其中 57 场首发。这是我成为职业球员之后，单赛季出场的最高纪录。赛季从头到尾，我最大的愿望就是别受伤。运动科学专家们常把足球运动员的身体比作汽车，就像汽车行驶时间过长，出故障的概率会变大，运动员亦是如此。而且两者都需要在平时悉心保养，这一点也完全一样。我还从来没有像这个赛季一样细心地管理过自己的身体——不时地拧紧螺丝，不时地加点润滑油，不时地擦拭灰尘……

在身体管理方面，不能不提前面介绍过的安德洙老师。安老师是专业运动防护师，在韩国足球圈工作二十多年，被誉为运动员肌肉管理方面的“最牛匠人”。这个赛季我三次邀请安老师到伦敦为我做理疗，分别是赛程格外密集的 12 月和 4 月，以及欧冠决赛前的 5 月末。

如果一个月内都是一周三赛，光靠球队的理疗保养是不够的。安老师在伦敦期间，我每天都接受一次长达三小时的肌肉按摩。如果没有这样的悉心管理，我敢肯定自己要么早已受伤，要么状态全无。欧冠 8 强战首回合赛前，安老师发现我的小腿肌肉有些异常。经检查，果然小腿肌肉内部轻微出血。还好发现及时，紧急采取了措施，不然后果简直不堪设想。真的很感恩安老师这一路上的相伴。

那场比赛，我们在主场 1 ∶ 0 击败了曼城。我在下半场第 33 分钟攻入的进球，最终成了致胜球。庆祝时，我对着电视转播镜头大喊："你知道吗，我们一定会赢的！"这句话赛后也成了媒体热议的话题。其实那句话并非是我事先想好的，而是当时的真情流露。我真的非常渴望拿下这场比赛，因为 8 强抽签结果出炉后，英国所有媒体都认为曼城会轻松淘汰我们。我咽不下这口气。为什么比赛还没开打，就一边倒地看好曼城？是两家俱乐部财力过于悬殊，还是英超联赛积分差距太大？要知道，足球是圆的，天知道淘汰赛会发生什么。尤其是同一联赛两支球队的对决，结果更是难以预料。不光是我，当时热刺全队上下都憋着一口气，要用结果狠狠回击那些预言家。这就是我情不自禁对着镜头呐喊的原因。

赛后大家都称赞道是我的"执着"救回了一个出界球，从而造就了那粒金子般的进球。坦率地讲，我那不是"执着"，而是为了"救赎"。埃里克森的传球真是绝妙，但我的停球有些随意，球滚向了底线。当时要是拿球更妥贴、更细致一点，我完全可以有更好的射门条件。换个角度讲，如果那个球出界，队友们肯定不会饶了我。

那个瞬间，哪还敢想射门，满脑子都是"不能让它出界"的念头，玩命追赶，这才勉强救回这个球。那一瞬间，经验告诉我“转身后用左脚劲射，运气好还能造个乌龙”。但在转身后我看到后卫完全挡住了出球路线，于是改了主意，晃出角度直接射门。仓促间，起脚球打在足弓后侧直接飞向曼城守门员埃德森。幸好这一脚力量十足，和守门员的距离又太近，球从他身下快速穿过。勉强救球成功，不完美的射门也能打进，真是吉星高照。

进球后，视频助理裁判介入判罚。我很清楚那球没出界，所以等待时有点不耐烦。包括我在内，球员们都觉得视频助理裁判会打乱比赛节奏，并不是太支持这玩意儿。果不其然，进球有效。早说过没出界嘛，我又不是爱撒谎的人，相信我啊！

一周后，球队乘坐专机前往曼彻斯特进行第二回合较量。每次欧冠客场比赛，俱乐部为了减少旅途的时间和疲劳，都会提供专机。这一次只要我们再进一球，就能将曼城逼入进三球方可晋级的绝地。这对我们来说无疑是个绝好的机会。队长雨果·洛里赛前叮嘱我们：“只要守住开局阶段，不让他们进球，我们肯定会有机会。”当时谁也没有想到，接下来的 90 分钟竟然会那般疯狂。

“不要过早失球”的意志，开场不到 4 分钟就被一盆冷水浇灭。斯特林进球的瞬间，我有种被当头暴击的感觉，队友们也都面面相觑，诧异的表情仿佛在问：“这是怎么搞的？”不过斯特林的进球仅仅是“疯狂 90 分钟”的序幕。3 分钟后，兵荒马乱之中，球落到了我的面前。我毫不犹豫地抬脚就射，如同首回合一样，球再次幸运地从埃德森的身下穿过——这次是胯下。

我们拿到了客场进球，总比分 2 ∶ 1 领先，曼城现在必须得再进两球。主队显然变得愈发焦躁，第 9 分钟，中卫埃梅里克·拉波尔特接球失误，小卢卡斯断球后在反击中将球横敲，埃里克森在禁区正面得球后斜塞给我。这次我的接球十分完美，就像头脑中勾勒的画面一样，我用右脚将球精准地打进了球门死角。其实皮球离脚的刹那，直觉就告诉我，这个球肯定有了！如果仔细看回放就会发现，球还没有越过门线，我就已经开始奔跑庆祝了。这下可好，曼城必须得再进 3 个球了。

不料这还仅仅是这场波澜跌宕起伏、足以载入史册的比赛开胃菜。英超素以快节奏著称，这场交锋更是快得离谱。我打入第二球后只过了一分钟，贝尔纳多 · 席尔瓦就将比分扳成 2 ： 2 平。第 21 分钟，斯特林再进一球，双方的总比分瞬间从开场前的 1 ： 0 变成了 3 ： 3。中场休息时，波切蒂诺主教练再三强调，要集中精力沉着应对，不要跟着对方的节奏走。

不料下半场第 14 分钟，塞尔吉奥 · 阿圭罗再入一球，曼城重新掌握住晋级主动权。我本以为大势已去，但下半时第 28 分钟，费尔南多 · 略伦特用胯部将角球挡入门内。这粒金子般的进球挽救了我们的命运，总比分也变成了 4 ： 4！主裁判怀疑略伦特手球，翻来覆去地回看视频，最终还是认定进球有效。

等一等，这还不是本场比赛的高潮。下半场伤停补时阶段，斯特林再次进球。这下我彻底死心，就像一根紧绷的细线突然断掉一样，整个人都崩溃了，大脑一片空白，耳朵里却什么都听不到，只能呆呆地看着对方主教练瓜迪奥拉忘情欢呼。突然，我看到略伦特跑了过来，对我大喊：“无效！”这是什么意思？斯特林的这个球分明进了啊。见我一脸茫然，略伦特再次高喊：“越位了！进球无效！”这时候我都还不知道，视频助理裁判显示，此球越位在先判了进球无效。

又过了 3 分钟，主裁判一声哨响，我们淘汰了英超霸主，成为欧冠联赛的四大天王之一。视频助理裁判决定了两个队的命运，在场球员都切身体会到，天堂与地狱原来真是一线之隔。有那么一瞬间，我感觉自己简直要成为视频助理裁判的粉丝了。

这场疯狂比赛制造的混沌一直持续到赛后。接受采访时，德国记者提到：“因为今天的黄牌，你将无法参加与阿贾克斯的首回合半决赛……”听到这里，我的脑袋突然“嗡”的一下。我原以为和国家队赛事一样，半决赛开始黄牌记录会被清零，但事实并非如此。因为累积黄牌停赛，欧冠半决赛首回合的主场比赛，我只能作壁上观。

那场球，我是陪着家人在包厢里观看了首回合比赛。热刺在整个90分钟里踢得都很沉闷，也许是因为密集赛程导致的状态下滑，队友们完全没有发挥出应有的实力。被视为“弱旅”的阿贾克斯却踢得行云流水，和俄罗斯世界杯时的瑞典队如出一辙。观看自己不在场的主队比赛，心情会异常烦躁。队友就在眼前为胜利而战，而我却不能上前帮忙，这种感觉真的很让人沮丧。整个90分钟，我一直为队友们虔诚地加油助威，但球队还是以0 ∶ 1失利。主场失守令我如鲠在喉，第二天早上起床后，发现脖子后面硬邦邦的，感觉身体比以往刚踢完比赛还沉重。

因为在第37轮对阵伯恩茅斯的比赛中吃到红牌，我的2018/2019英超赛季提前一轮宣告结束。虽然球队输给了伯恩茅斯，但身后的阿森纳和曼联同时掉链子，我们已经提前锁定了下赛季的欧冠资格，也让全队能把全部精力都放在备战与阿贾克斯的次回合较量上。比赛前一天，我们在阿姆斯特丹的酒店里目睹了利物浦主场4 ∶ 0大败巴塞罗那、实现从客场0 ∶ 3到总比分4 ∶ 3的惊天大逆转。令人难以置信的结果给了我们信心——人家都能克服三球差距翻盘成功，我们只差一球又算得了什么呢？

和曼城的“疯狂 90 分钟”
笑到最后的是我们

不过，阿贾克斯在克鲁伊夫竞技场也做了万全准备，我们上半场连失两球，胜负变得毫无悬念。下半场开始前，摆在我们面前的是两个数字：0 ∶ 3 的比分，45 分钟的时间。虽然希望渺茫，但我们也不能就这样放弃，那样做实在太对不起我们一个赛季付出的努力了。看到我被阿贾克斯重点盯防，中场休息时主教练让我下半场适当回撤，把盯防我的后卫带出来，给略伦特和小卢卡斯创造更多的空间。小卢卡斯也不负众望，在下半场第 10 分钟和第 14 分钟连入两球。阿贾克斯的抵抗十分顽强，但就在 5 分钟伤停补时的最后一秒，足球之神轻轻地松开了阿贾克斯的手，小卢卡斯第三次攻破对手的大门。终场时刻，所有场上球员都瘫倒在地，我们和对手一样，都难以相信眼前发生的事情。

欧冠决赛 64 年的历史长河中，终于镌刻上了托特纳姆热刺的名字。记得十年前从电视上看到智星哥站在欧冠决赛的赛场，我就有一种如梦如幻的感觉。韩国球员居然能站在欧冠决赛的舞台上？！更不可思议的是，现在，我也迎来了同样的机会。

伦敦

我的故事 06

生活在雾都
才知道阳光的宝贵
时阴时晴时雨
所以天晴时上街
晒晒太阳散散步

我家这一片儿很不错

有温馨的氛围 也有漂亮的小店

搬到这样
能让我全身心专注于足球
又能缓解烦闷的好地方
真的很幸运

在英国生活已近四年
期间作为球员
无论是身体还是精神层面
感觉都有了很大提升

后记

足球，只有足球

2019年的孙兴慜，看起来还挺像样儿：在英超人气爆棚的俱乐部踢球；又登上了每个球员都憧憬的欧冠、世界杯和亚洲杯这样的梦想舞台；而且足够年轻，能追逐更大的梦想。

在别人看来，也许如今的我很风光，但这只是此时此刻的表象。过往的艰辛和背后所付出的努力，并不会浮于世人面前。我的足球路走到现在，艰难的日子很多，因此流泪的瞬间也很多。事实上，即使现在也过着忍耐再忍耐的生活，和大家的想象相距甚远。这也是我斗胆决定又要拍摄纪录片、又要出版个人传记的原因。我想告诉大家，我走到这个位置的经历的故事。

小时候，我家真的很穷。游戏、玩具、旅行，这些同龄孩子们习以为常的东西，我几乎没有什么印象。正式开始学足球的时候，父亲为了接送我方便，弄来了一辆小型二手车，听说花了120万（译注：韩币，折合人民币不到 7000 元）。下雨天，雨水会从车窗的缝隙里哗哗地渗进来，但即便如此，我们全家也很开心，毕竟有了一辆私家车。

社会上有很多势利眼，周围就有人笑话父亲开的是“破车”，这让他一直耿耿于怀。现在父亲开上了好一点的车，不是为了炫富，而是为了忘掉过去遭受的冷眼和嘲讽。在德国研修期间，我也过得很艰难。想吃韩国料理，但没钱去韩国餐厅，只能对着电脑图片流口水解馋。父亲来到德国后，我们的日子依旧过得紧巴巴的。我虽然没养过孩子，但可以理解父母当时的心情。因为家境贫寒，不能给自己孩子创造更好条件的心情有多难受，是无法用语言来表达的。

我在足球生涯中收获了很多，但没有任何一样是不劳而获的。魔鬼训练从小学三年级就开始了。其他孩子在树荫下愉快玩耍的时候，我顶着烈日练颠球。每天绕着操场整整颠三圈，球还不能落地。成为职业球员的第一个赛季结束后，我每天练 1000 次射门。直到现在，为了保持良好的状态，闲暇时也尽可能地养精蓄锐。我的盘带技术、射门能力、状态保持、伤病较少，都是拼命付出的结果。常听有人夸我“哇，射术真棒啊”，说实话，听到之后很开心，不过也心知肚明：“为了这样的射门，你可不知道我付出了多大的努力。”

德语和英语也是如此，我主动跟当地孩子打招呼，厚着脸皮向别人虚心请教，一有时间就背单词、背文章，还看着队友们的采访一字一句地模仿。如果没有这个过程，我肯定不可能在短时间内掌握当地语言，也不可能和队友们迅速打成一片。

父亲在我小的时候就教育我：“今日所得皆源于昨日付出，为了明天的收获，今天就得先努力。”在外拼搏多年，我深切感受到这句话多么正确。成功，可没有像快递行业里“到付”的那种说法。C 罗和梅西为什么能成为人中龙凤？我敢肯定他们同样也是付出了相应超乎常人想象的努力。直到现在，他们俩还是鹤立鸡群，这意味着他们仍然在努力，只是他们的努力没有被过度宣传，外人看不到而已。我也和他们一样，为了梦想，努力克制欲望、拼命提升自己。

我喜欢足球，真的非常喜欢，说我是足球“铁粉”也毫不为过。当初只是因为好玩才开始踢球，为了踢得更好，现在也还在努力。知道足球“铁粉”的想法吗？“铁粉”希望全世界的人都像他一样喜欢足球。足球这么有意思，我也希望能和更多的人一起享受足球的快乐。有时我会幻想 K 联赛如同德甲、英超那样，成为人们生活的一部分。周末携家带口去赛场，为自己的主队加油助威，周一则和朋友聚在一起谈论 K 联赛的趣闻轶事。

我也一直很感谢大家对韩国国家队的热爱。虽然没少挨骂，但我知道，有更多的人支持国家队，和为国效力的球员。同样的热爱、关心和支持，如果能扩散到每个周末的足球赛场，会让我更加幸福。希望大家不只通过小小的电视屏幕，还能在广阔的球场享受足球，一起为足球欢笑。

如果我的这本书哪怕能多让一个人对足球产生兴趣，真的会让我非常幸福。您会因此爱上足球吧？那我就提前向您致谢啦！

写于伦敦，

孙兴慜 敬上

卓越的孙兴慜

资讯图

本章节数据截至 2018/2019 赛季

孙兴慜转会市场身价变迁

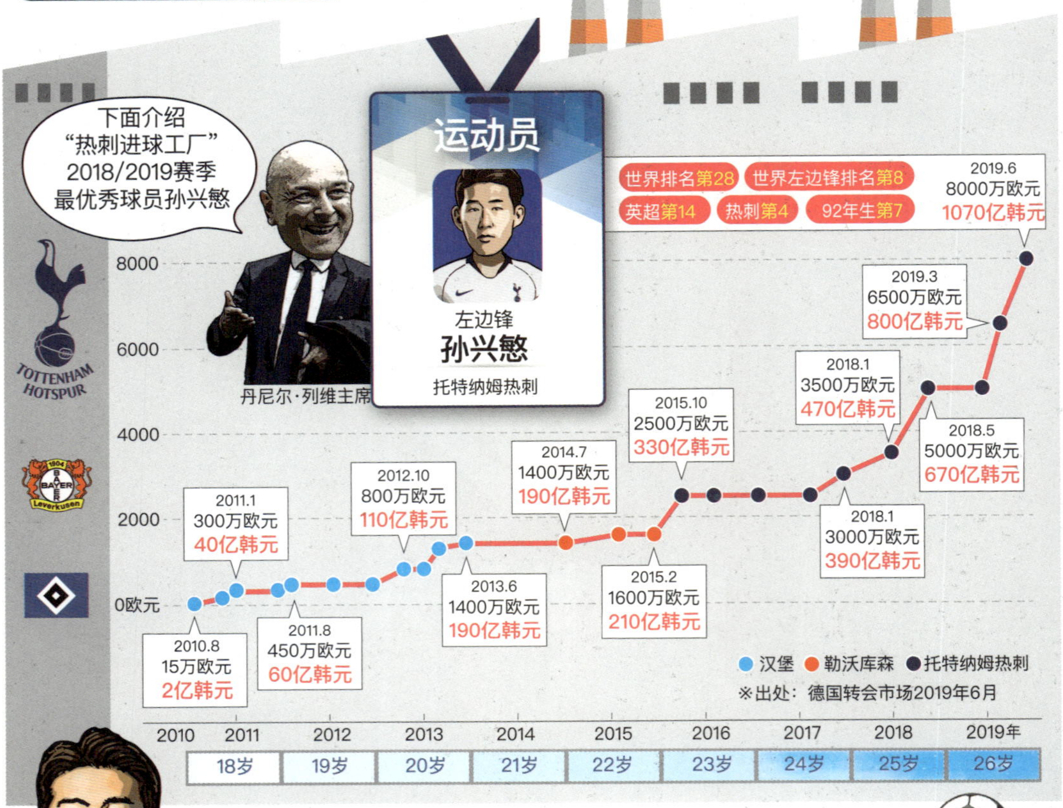

孙兴慜的效率指数

赛季（联赛为准）	首发出战	替补出战	场均传球	传球成功率	场均关键传球	场均突破	突破成功率	场均射门	射正率	每球射门数	每球耗时
2018/19	23场	8场	33.0	85.6%	1.45	3.69	57.1%	3.25	39.2%	6.17	171分钟
2017/18	27	10	35.7	85.2	1.52	3.93	57.4	2.92	44.0	6.25	193
2016/17	23	11	33.7	81.2	1.87	4.57	44.8	3.48	41.3	5.71	148
2015/16	13	15	36.3	79.6	1.46	2.60	53.1	3.09	34.2	9.50	277
2014/15	28	2	32.0	76.1	1.53	4.08	47.1	2.47	39.7	5.73	208
2013/14	29	2	25.8	80.3	1.24	4.98	64.4	3.13	45.8	8.30	239
2012/13	31	2	27.5	77.6	0.87	2.90	49.4	2.60	44.9	6.50	225
2011/12	11	16	26.8	78.4	1.01	4.99	55.1	2.75	31.6	7.60	249
2010/11	8	5	27.5	77.1	0.37	4.81	51.3	2.35	36.8	6.33	243

“厉害了”孙兴慜

- 2008 亚洲U16足球锦标赛亚军
- 2010 国际足联评选世界23大希望之星
- 2010 德甲前半程最佳新人
- 2010 《汉堡晚报》评选11月汉堡队最佳球员
- 2011 亚洲杯季军
- 2011 《图片报》评选德甲年轻球员最佳阵容
- 2012 亚足联年度最佳阵容
- 2013 ESPN评选亚洲年度最佳球员
- 2013 韩国足协年度最佳球员
- 2014 韩国足协年度最佳球员
- 2015 亚足联年度最佳海外球员
- 2015 亚洲杯亚军
- 2016 亚洲体育大奖
- 2016 英超官方评选最佳球员（9月）
- 2017 亚足联年度最佳海外球员
- 2017 英超官方评选最佳球员（4月）
- 2018 雅加达·巨港亚运会男足项目金牌
- 2019 伦敦足球年度最佳球员
- 2019 热刺会员评选年度最佳球员
- 2019 热刺青少年会员评选年度最佳球员
- 2019 热刺球迷俱乐部评选年度最佳球员
- 2019 热刺球迷俱乐部评选年度最佳进球
- 2019 欧洲冠军联赛亚军
- 2019 法国足球·ESPN评选欧冠联赛最佳阵容

Super Son Stats

孙兴慜的足球之路 II

俱乐部队

2008年东北高中辍学→加盟汉堡SV

2008年8月1日~
汉堡U17队（15场9球）
汉堡U19队（1场）

2009年7月1日~
汉堡U19队（11场6球）
汉堡二队（6场1球）

2010年7月1日晋升汉堡一队
（职业生涯首秀时，满18岁112天）

德甲13场·德国足协杯1场
3球（汉堡史上最年轻进球纪录）

德甲27场·德国足协杯3场
5球1助攻

德甲33场·德国足协杯1场
12球2助攻

2013年7月1日转会至勒沃库森
1400万欧元（约180亿韩元）
创下勒沃库森最高转会费纪录

德甲31场·欧冠8场·德国足协杯4场
12球7助攻

德甲30场·欧冠8场
·欧冠附加赛2场·德国足协杯2场
17球4助攻

2015年8月28日转会至托特纳姆热刺
3000万欧元（约400亿韩元）
截至2019年6月，勒沃库森最高转会费收益

参加德甲1场、欧冠联赛附加赛1场后转会
参加英超28场·欧洲足联欧洲联赛7场
·英足总杯4场·英联赛杯1场
8球5助攻

英超34场·英足总杯5场
·欧冠联赛6场·欧洲足联欧洲联赛2场
21球10助攻

英超37场·英足总杯7场
·欧冠联赛7场·欧联杯2场
18球11助攻

英超31场·英足总杯1场
·欧冠联赛12场·欧联杯4场
20球10助攻

2007/08
2008/09
2009/10
2010/11
2011/12
2012/13
2013/14
2014/15
2015/16
2016/17
2017/18
2018/19

国家队

2008年3月
2008萨尼克斯杯国际青少年足球邀请赛
冠军（出战4场）

2008年10月
2008亚洲U16足球锦标赛
亚军（6场4球）

2009年9月
2009仙台杯国际青少年足球邀请赛
小组赛（出战3场）

2010年12月国家队首秀
18岁175天（与叙利亚的友谊赛）
韩国队史第五年轻国脚

2011年10月~2013年6月
2014巴西世界杯预选赛
晋级决赛圈（9场1球）

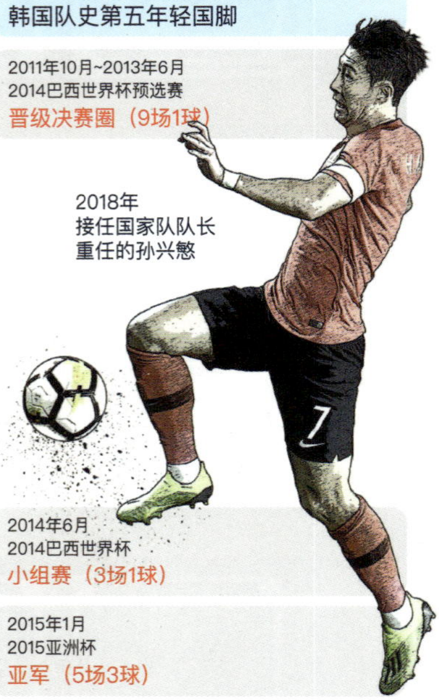

2018年
接任国家队队长
重任的孙兴慜

2014年6月
2014巴西世界杯
小组赛（3场1球）

2015年1月
2015亚洲杯
亚军（5场3球）

2015年6月~2017年9月
2018俄罗斯世界杯预选赛
晋级决赛圈（12场7球3助攻）

2016年8月
2016里约奥运会
8强（4场2球）

2018年6月
2018俄罗斯世界杯
小组赛（3场2球）

2018年8月~9月
2018雅加达·巨港亚运会
冠军（6场1球5助攻）

2019年1月
2019亚洲杯
8强（3场2球）

2010年12月~2019年1月
国家队友谊赛
44场（9球7助攻）

Super Son Stats

9个赛季以来的进化

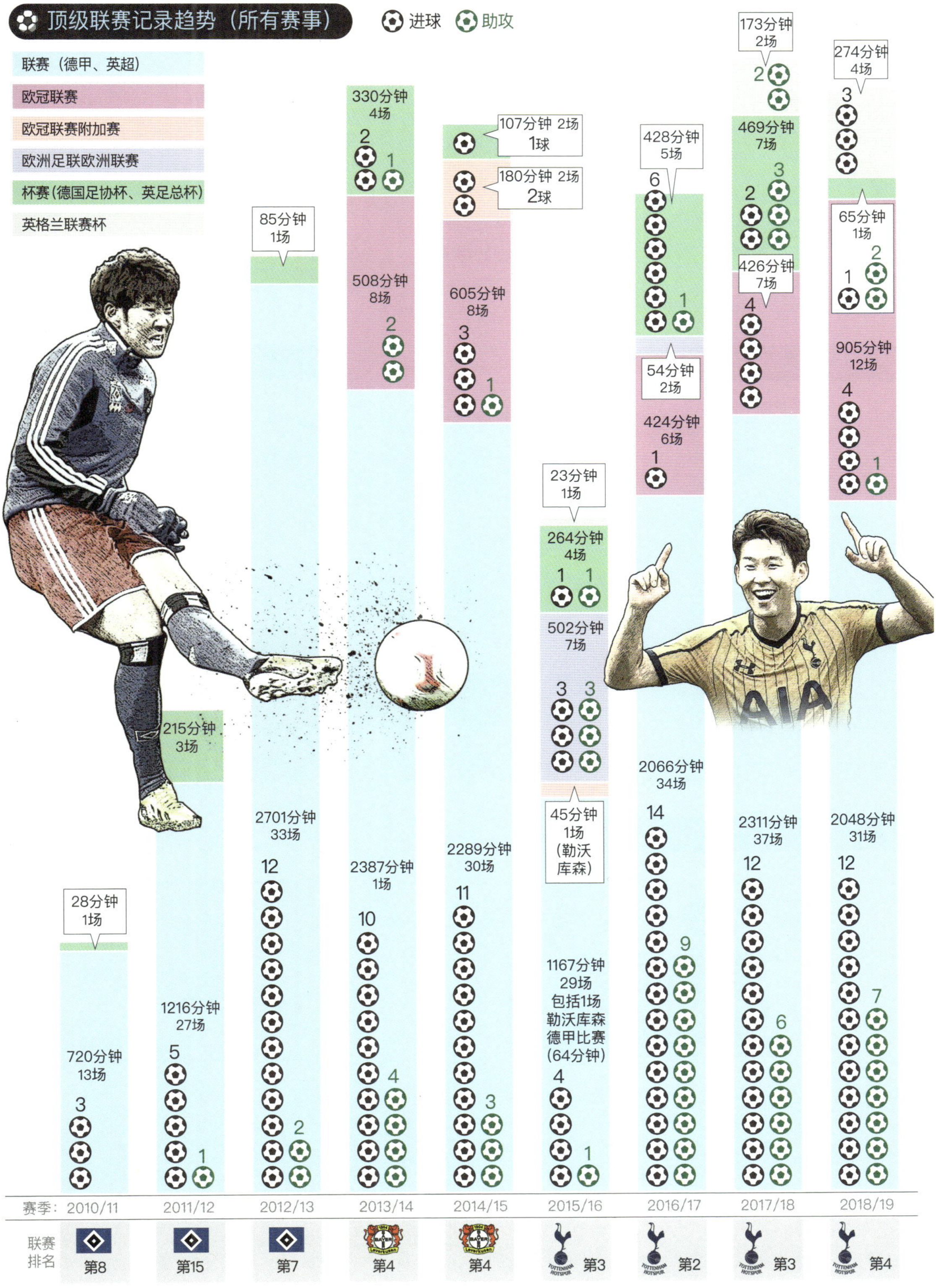

有关进球数据 I

1.进球节奏（联赛）

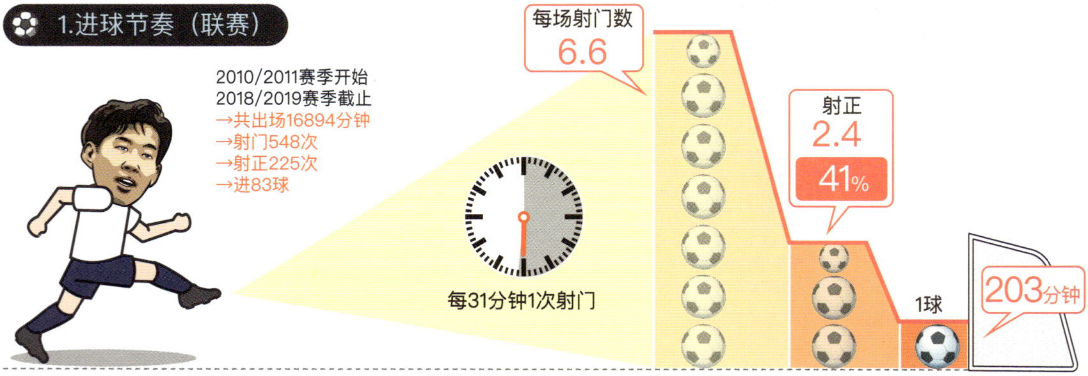

2.进球距离分布（联赛）

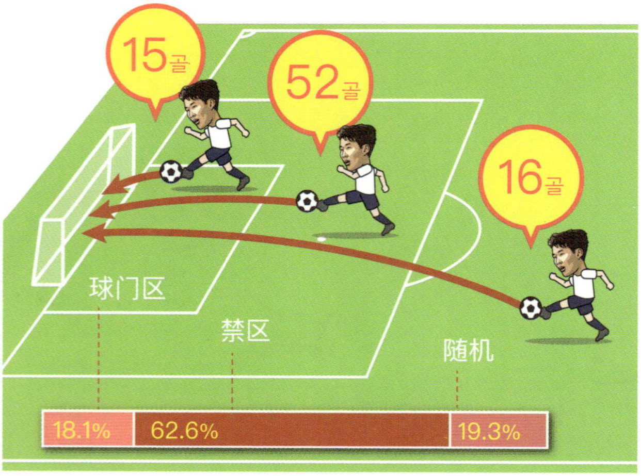

3.进球身体部位（顶级联赛共计）

4.进球时间分布（顶级联赛共计）

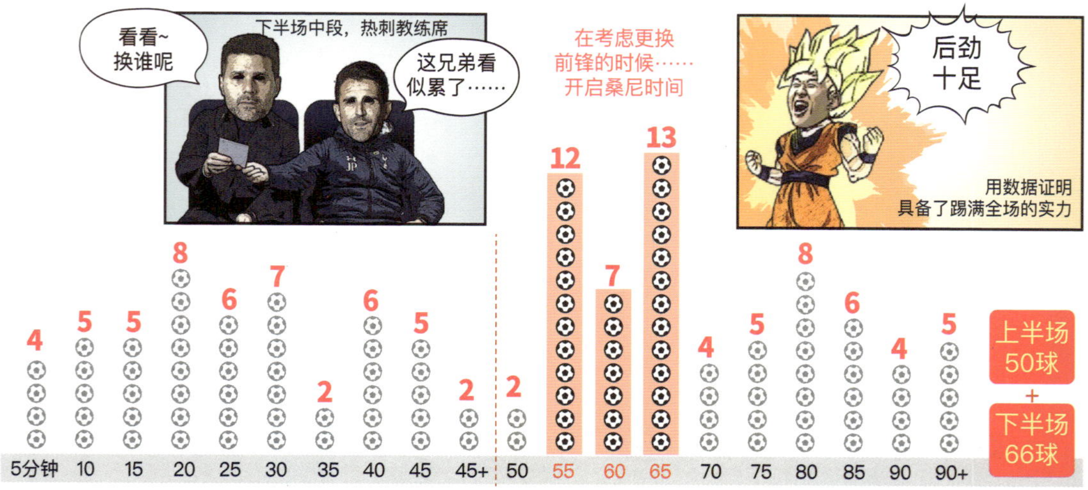

有关进球数据 II

各项比赛首秀年龄

日期	赛事	年龄	
2010.10.27	德国足协杯	18岁	3个月 19天
2010.10.30	德甲联赛	18岁	3个月 22天
2013.09.17	欧冠联赛	21岁	2个月 9天
2014.08.19	欧冠联赛附加赛	22岁	1个月 11天
2015.09.13	英超联赛	23岁	2个月 5天
2015.09.17	欧罗巴联赛	23岁	2个月 9天
2015.09.23	英格兰联赛杯	23岁	2个月 15天
2016.01.10	英足总杯	23岁	6个月 2天

赛季：2010/11　2011/12　2012/13　2013/14　2014/15　2015/16　2016/17　2017/18　2018/19

各项比赛处子球

赛事	年龄		日期	备注
德甲联赛	18岁	3个月 22天	2010.10.30	处子秀 处子球
德国足协杯	21岁	26天	2013.08.03	
欧冠联赛预选赛	22岁	1个月 11天	2014.08.19	处子秀 处子球
欧冠联赛	22岁	2个月 23天	2014.10.01	
欧洲足联欧洲联赛	23岁	2个月 9天	2015.09.17	处子秀 处子球
英超联赛	23岁	2个月 12天	2015.09.20	
英足总杯	23岁	6个月 12天	2016.01.20	
英格兰联赛杯	26岁	3个月 23天	2018.10.31	

历任主教练麾下进球

桑尼，先打满100球吧！

毛利西奥·波切蒂诺（托特纳姆热刺）
188场（11535分钟）
67球36助攻
孙兴慜是波切蒂诺执教生涯中为其带来进球第二多的球员（第一是哈里·凯恩 159球）

托斯滕·芬克（汉堡）
56场（3650分钟）
14球 2助攻

米歇尔·厄宁（汉堡）

11场（654分钟）
2球1助攻

罗杰·施密特（勒沃库森）
44场(3290分钟)
17球 4助攻

萨米·海皮亚（勒沃库森）
38场(2787分钟)
11球 5助攻

阿明·费（汉堡）

8场（467分钟）
3球

场上不同位置进球

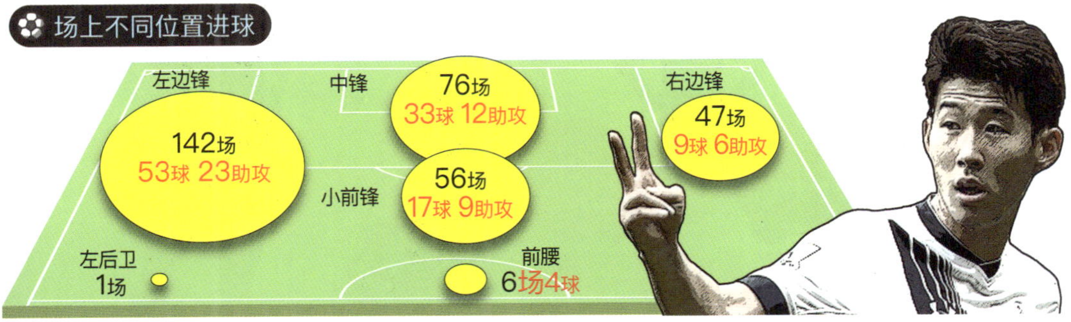

Super Son Stats “右脚 VS 左脚”哪个更强?

孙兴慜虽是右撇子，却是左脚功底不亚于右脚的双脚型球员。特别是在“孙兴慜区域”（禁区边缘左右角）的弧线球，展现出他双脚的威力。就像2018/2019赛季共20粒进球中，左脚和右脚刚好各进10个球一样，孙兴慜两只脚的偏差很小。因此在锋线和孙兴慜搭档的卢卡斯·莫拉都表示“他也搞不清楚孙兴慜哪只脚更有威力”。孙兴慜到底哪只脚更出色呢？下面我们来看看他职业生涯两只脚的射门和进球记录。

卢卡斯·莫拉

孙兴慜技术出众，能自如使用双脚。真的很令人惊讶，到现在也不清楚他的哪只脚更有威力。

以非惯用脚来讲，孙兴慜是最可怕的球员。

欧文·哈格里夫斯

（联赛）

右脚射门	右脚进球	赛季 / 成功率	左脚进球	左脚射门
10射门	1球	2010/11赛季 10%<12.5%	1球	8射门
16	3	2011/12 18.8>5.9	1	17
34	7	2012/13 20.6>9.4	3	32
49	3	2013/14 6.1<20	6	30
39	7	2014/15 17.9>17.4	4	23
17	2	2015/16 11.8>10	2	20
41	9	2016/17 22>13.5	5	37
46	5	2017/18 10.9<19.2	5	26
43	7	2018/19 16.3>16.1	5	31

9个赛季联赛进球共计是?

联赛9赛季

29射门 7球

射门次数和进球更多的是右脚

	右脚	左脚
射门	295射门	224射门
进球	44球	32球
成功率	14.9%	14.3%

不过右脚和左脚的成功率几乎相同（每6~7脚射门进1球）

Super Son Stats

孙兴慜 VS 俱乐部

进球Top8

球队	进球
多特蒙德	9球(12场)
莱斯特城	5球(9场)
沃特福德	5球(8场)
伯恩茅斯	5球(6场)
汉诺威96	4球(9场)
曼城	4球(7场)
南安普顿	4球(8场)
美因茨	4球(6场)

进攻贡献Top5

球队	进攻贡献
多特蒙德	9点(9球)
莱斯特城	8 (5球 3助攻)
西汉姆联	8 (3球 5助攻)
沃特福德	6 (5球 1助攻)
南安普顿	6 (4球 2助攻)

孙兴慜取胜最多 TOP 5

名次	球队	战绩
1	多特蒙德	8胜(1平 3负)
2	沃特福德	7胜 (1平)
3	水晶宫	7胜(1负)
4	霍芬海姆	7胜(1平1负)
5	斯图加特	6胜 (1平4负)

孙兴慜失利最多 TOP 5

名次	球队	战绩
1	曼联	6负(3胜)
2	拜仁慕尼黑	5负(1胜2平)
3	法兰克福	5负(1胜1平)
4	沙尔克04	5负(2胜)
5	弗赖堡	5负 (4胜2平)

孙兴慜vs俱乐部 TOP 6

名次	球队	进攻贡献
1	曼城	4球 1助攻
2	切尔西	2球
3	阿森纳	1球 1助攻
4	利物浦	1球
5	曼联	1助攻

孙兴慜的搭档 I （所有赛事）

1助攻21人

托特纳姆热刺

扬·费尔通亨 →
卢卡斯·莫拉
埃里克·戴尔
奥立弗·斯基普
凯尔·沃克
安德罗斯·汤森德
汤姆·卡罗尔

勒沃库森

埃伦·德尔迪约克
基里亚科斯·帕帕多普洛斯
罗伯托·希尔伯特
塞巴斯蒂安·伯尼施
蒂恩·耶德瓦伊
尤利安·布兰特 →

汉堡

阿尔蒂奥姆斯·鲁德涅夫
丹尼斯·迪克迈尔
戈伊科·卡查尔
马塞尔·扬森
马库斯·贝里
马克西米利安·贝斯特
罗伯特·特谢
托尔加伊·阿尔斯兰

2助攻7人

塞尔日·奥里耶（托特纳姆热刺）

穆萨·西索科（托特纳姆热刺）

杰弗里·布鲁马（汉堡）
若纳唐·皮特鲁瓦帕（汉堡）
米兰·巴代利（汉堡）
拉斯·本德（勒沃库森）
哈坎·恰尔汗奥卢（勒沃库森）

3助攻5人

强壮王

文森特·扬森（托特纳姆热刺）

狮子王

费尔南多·略伦特（托特纳姆热刺）

卡里姆·贝拉拉比（勒沃库森） 西德尼·萨姆（勒沃库森）

拉法埃尔·范德法特（汉堡）

4助攻2人

基兰·特里皮尔（托特纳姆热刺）

斯特凡·基斯林（勒沃库森）

孙兴慜的搭档 II

并列第4名：6助攻

冈萨洛·卡斯特罗（勒沃库森）

和孙兴慜一起
出战61场（4211分钟）
合作6球

埃里克·拉梅拉（托特纳姆热刺）

和孙兴慜一起
出战63场（2415分钟）
合作9球

第3名：8助攻

哈里·凯恩
（托特纳姆热刺）

和孙兴慜一起
出战136场
（7653分钟）
合作23球

第2名：10助攻

德勒·阿里（托特纳姆热刺）

和孙兴慜一起出战144场（8137分钟）/合作16球

第3名：13助攻　克里斯蒂安·埃里克森（托特纳姆热刺）

和孙兴慜一起出战157场（9321分钟），合作15球

埃里克森是和孙兴慜一起出战比赛最多，也是送上助攻最多的球员

116球中没有助攻
独力完成的进球共15球

得到孙兴慜助攻球员 TOP10

排名	球员	孙兴慜助攻
1	哈里·凯恩	15
2	德勒·阿里	6
3	埃里克·拉梅拉	4
4	西德尼·萨姆	3
5	克里斯蒂安·埃里克森	2
5	费尔南多·略伦特	2
5	斯特凡·基斯林	2
5	丹尼斯·奥戈	2
5	约西普·德尔米奇	2
10	穆萨·西索科等11人	1

和孙兴慜合作进球最多球员 TOP10

排名	球员	合作（进球+助攻）
1	哈里·凯恩	23
2	德勒·阿里	16
3	克里斯蒂安·埃里克森	15
4	埃里克·拉梅拉	9
5	冈萨洛·卡斯特罗	6
5	西德尼·萨姆	6
5	斯特凡·基斯林	6
8	费尔南多·略伦特	5
8	奇诚庸	5
8	黄义助	5

和孙兴慜一同上场最多球员 TOP10

排名	球员	比赛场次
1	克里斯蒂安·埃里克森	157
2	雨果·洛里斯	152
3	德勒·阿里	144
4	埃里克·戴尔	140
5	哈里·凯恩	136
6	扬·费尔通亨	131
7	托比·阿尔德韦雷尔德	126
8	本·戴维斯	112
9	基兰·特里皮尔	92
10	穆萨·登贝莱	89

图书在版编目(CIP)数据

我的成长，我的热爱：孙兴慜自传 ／（韩）孙兴慜著；宋青云译. — 北京：金城出版社有限公司，2023.1
ISBN 978-7-5155-1997-5

Ⅰ. ①我… Ⅱ. ①孙… ②宋… Ⅲ. ①孙兴慜－自传 Ⅳ. ①K833.126.547

中国版本图书馆CIP数据核字(2022)第153127号

我的成长，我的热爱：孙兴慜自传
WO DE CHENGZHANG, WO DE REAI: SUNXINGMIN ZIZHUAN

著　　者	[韩] 孙兴慜
译　　者	宋青云
责任编辑	王思硕
责任校对	高　虹
责任印制	李仕杰
开　　本	710毫米×1000毫米　1/16
印　　张	17.5
字　　数	210千字
版　　次	2023年1月第1版
印　　次	2023年1月第1次印刷
印　　刷	鑫艺佳利（天津）印刷有限公司
书　　号	ISBN 978-7-5155-1997-5
定　　价	69.80元

出版发行	金城出版社有限公司 北京市朝阳区利泽东二路 3 号　邮编：100102
发 行 部	（010）84254364
编 辑 部	（010）64391966
总 编 室	（010）64228516
网　　址	http://www.jccb.com.cn
电子邮箱	jinchengchuban@163.com
法律顾问	北京市安理律师事务所 18911105819